峯本　展夫

MINEMOTO Nobuo

イノベーション
マネジメント・
プロフェッショナル

イノベーションを成功に導く
人材の思考と行動のアプローチ

A Guide to the Innovation Management Professional for Success

生産性出版

プロローグ——
「イノベーション・プロジェクト」の出航

　イノベーションという言葉を目にしたり聞いたりしない日はない。イノベーションの必要性が指摘されて以来、いや、そのずっと以前から、イノベーションによって社会はその恩恵を受けてきた。シュンペーターによって経済発展の要素と定義され、さらにドラッカーによって社会に「価値」を創造するためのマネジメントの機能として位置づけられた。そして、この偉大な先達の洞察の証しとなるようなイノベーターが昔もいまも出現している。

　一方で、既存企業ではイノベーションの創出がなかなか進まず、このままでは持続的成長が困難となるという問題意識が高まっている。令和になって、経済産業省が「イノベーション100委員会」という経営者コミュニティを設立し、「日本企業における価値創造マネジメントに関する行動指針」を策定・発表した(【コラム②】参照)。背景には日本だけではなく、各国においても既存組織がイノベーションを生み出すことが難しい状況がある。これを打破するべく、ISO(国際標準化機構)にて取り組みが行われ、イノベーションマネジメント・システムの国際規格としてISO56000sが発行された。イノベーションをどうやって生み出すかという難題に、世界の知見を結集し、形式知としてまとめたことには意義がある。これまでもさまざまな形でイノベーションの創出に関して多くが論じられてきた。それぞれの背景や前提もまた多様なもので、そこから本質的なことを見出すのは難しい。できないと言っているわけではない。ただ、「これがイノベーションの原則」と謳っているものが、題材としている事例にだけ当てはまるものだということも多い。それは仕方のないことかもしれない。イノベーションは、さまざまなところでさまざまな形で起こり、その意図も対象もまた一定ではない。それらを十把一絡げにして「原則」を論じること自体、本来無謀な挑戦に見える。それで

も、その挑戦には意義があると思う。そこには、イノベーションによって価値を生み出すという人類がもっているDNAを、解読するような作業の一コマを感じるからだ。ISO56000sによって、DNAがすべて解読されたわけではない。だが、その解読作業は大きく前進した。単に新しい情報ということではなく、基本構造のような本質的な部分なのだ。

　本書は、その基本構造をベースにして、さらに解読作業を進めたものだ。作業は多方面に及ぶが、本書では特に、既存企業がイノベーションをプロジェクトとして成功させるというテーマに挑む。キーワードは「マネジメント」、そしてそのマネジメントの主体である「プロフェッショナル」である。

　イノベーションはアイデアさえあればすべてうまくいくものではない。アイデアを実現させるプロセスが鍵を握る。「実現させる」という点に注目してほしい。アイデア自体を創出するプロセスも、もちろん重要だが、そこに決まったプロセスがあるかどうかは疑わしい。そのアイデアが世に出る前に、アイデアが実現した時の価値を、誰かが認めることがなければ埋もれてしまう。その誰かは一人ではない。社内にもいるし、社外にも大勢いる。アイデアがどのような形で顧客やユーザーに提供されるかによって、いくつもの関門がある。顧客の視点、株主や投資家の視点、そして社会の視点などで監視されていて、関門は自然に開かない。この関門を開いて通るためのアプローチが求められる。

　イノベーションマネジメント・システムは、関門を通る船に必要な羅針盤（コンパス）である。私たちは新たにISO56000sという羅針盤を手に入れた。だが、この羅針盤をもった船には船長をはじめとした乗組員が必要だ。海運業では用船契約（傭船契約）の際の契約書のことを「チャーター（charter）」と呼ぶ。世界の海を舞台に行われる海上貿易では、行く先々の国によって契約に関する制度や習慣が大きく異なる。また航海中の危険も多く、契約当事者の誰かが行方不明になったり死亡したりといったこともよく起こった。そこで考えられたのが、契約事項を１枚の紙に書きとめ、それを当事者

の人数分に破って、その破片をそれぞれが保管するという方法だった。何かことがあれば、それをもち寄り、破った部分をつなぎ合わせて、契約の確認を行うわけである。

　プロジェクトをはじめる際に、「プロジェクト憲章(Project Charter)」を作成するのは、実は、１枚の「傭船契約書(charter)」を皆で共有するという仕組みに遡ることができる。もちろん、「プロジェクト憲章」は、単なる契約事項ではなく、プロジェクトの目的をはじめとした諸条件や内容を明確にしたものである。「プロジェクト憲章」を作成することは、プロジェクトマネジメントで最も重要なアプローチである。プロジェクトの成否を左右すると言っても過言ではない。

　イノベーションをプロジェクトとして見た場合には、やはり「プロジェクト憲章」が必要だ。しかし、そのような面倒なものをつくらず、とにかく早くつくって確認するというリーン・スタートアップなどのアプローチがイノベーションには適しているという。一般のプロジェクトでさえ「プロジェクト憲章」をつくらない傾向になっている。

　また、イノベーションの場合は、一般的なプロジェクトに比べて「ミッション」というレベルでは明確でないことが多い。これは「プロジェクト憲章」をつくる主体による。標準的に「プロジェクト憲章」は、プロジェクトオーナーやスポンサーがつくる「プロジェクトのミッション・ステートメント」と解される。イノベーションでは、まだ、プロジェクトオーナーやスポンサーは存在しない。だから、「ミッション」よりも、さらに「ビジョン」というレベルで、ステークホルダーの共通認識をつくることが求められる。言い換えれば「イノベーションのビジョン＆ミッション・ステートメント」を自分たちでつくることが必要となる。

　本書では、これを「イノベーション・プロジェクト憲章」として位置づけ、この作成プロセスを明らかにした。これがなければ、イノベーションの価値の実現プロセスで関わるステークホルダーを巻き込んでいく

5

ことができない。待ち受ける多くの関門を通ることができないのだ。プロセスを中心にして示したが、重要なことは、プロセスを作成する思考のアプローチである。プロジェクトマネジメントの標準プロセスもそうだが、プロセスを実行するのは人であり、作成には求められる思考のレベルがある。誤解を恐れずに言うと、誰でもつくれるものではないが、誰もがつくれる可能性があるものだ。

　このような認識から本書では、イノベーション・プロジェクトを成功に導く人材に焦点を当てた。イノベーションに関わる人材には、従来からイノベーティブな人材、すなわちイノベーションを起こす、才能をもった人の必要性が叫ばれてきた。内外で人材の創造性がキーワードとして注目されるところだ。一般にもイノベーションといえば、真っ先にそのような創造性をもった人物像をイメージするかもしれない。一方で、ドラッカーは「イノベーションとは、一部の天才のひらめきやギャンブルではない。それは体系であり、仕事である。だれでも学び、身につけることができる」（P.F.ドラッカー著『明日を支配するもの』ダイヤモンド社)と喝破した。イノベーションが「一部の天才のひらめき」によるものというのでは、企業の仕事として機能しないという指摘だ。もちろん、創造性の開発はギャンブルではないし、創造性や「ひらめき」を起こす才能の必要性は全く否定しない。だが、本書では、それは必要なことの一要素としてとらえている。イノベーションの価値を実現するために取り組むべき別の側面と人材に焦点を当てた。

　先に挙げた「イノベーション・プロジェクト憲章」を作成することもそうだが、もちろん、それだけではない。普通の人の仕事への共感を前提に「アイデア」が出るようにファシリテーションをする、「そのアイデア」から価値を見出す、「その価値」の事業化案をまとめる、「その事業化案」をプロジェクトとして推進する、「そのプロジェクト」を内外にマーケティングするなど、さまざまな仕事が必要かつ重要だ。

　本書では、役割と責任をもつ人材を、「イベーションマネジメント・

プロフェッショナル」と呼び、そのような人材の思考と行動のアプローチについて説明する。読者が、自分のもつ「価値創出」DNAを自ら解読して、待ち受ける関門に挑戦してほしい。

　折しも、新型コロナウイルスの出現・流行により、私たちはニューノーマルという新しい世界に直面している。「イベーションマネジメント・プロフェッショナル」への期待は、弥がうえにも高まる。それは、これまでオールドノーマルとして常態化している価値観が見直されることとなり、あらゆる既存の事業にも新たな価値を創出しなければ、企業規模を問わず、その存続に関わるからである。

　すなわち、新型コロナウイルスの出現・流行は、人類にとって不可避の脅威であるが、そうであるなら尚のこと「イノベーションマネジメント・プロフェッショナル」は、これを「イノベーションの機会」と考える選択肢をとりたい。この機会をうまくとらえることにより、私たちの社会的価値の飛躍のチャンスとすることができるのだ（詳しくは【コラム⑧】参照）。

　したがって、本書は新規事業やイノベーション・プロジェクトの立ち上げに関わっている人はもちろん、ニューノーマルへの適応のために、既存事業の存続に奮闘している人に貢献する。新規事業、既存事業を問わず、これから新たな挑戦をしようと考えている人、挑戦したいが躊躇している人、イノベーション・プロジェクトをさまざまな形で支援している人、そのような未来を切り開く人の参考になれば幸いである。

　　　　　読者自身の「革新」の一助となることを願って。

　　　　　　　　　　　　　　　　　　　　2020年9月吉日

　　　　　　　　　　　　　　　　　　　　峯本　展夫

本書のコンセプトと構成

　プロローグで述べたように、本書は、イノベーションマネジメント・システムをベースにして、既存企業がイノベーションをプロジェクトとして成功させるというテーマに挑む。

　イノベーションを創出することは、社会全体として持続的成長を実現することであり、そのためには、社会組織として体系的な取り組みが必要である。企業に限らず、あらゆる形態の組織においてイノベーションの創出が求められているということにほかならない。組織の体系的な取り組みの一つに、マネジメントシステムがある。これまでも、さまざまなマネジメントシステムによって多様な成果を見出してきた。ISO9000sの品質マネジメントシステムやISO14001の環境マネジメントシステムはよく知られるところで、プロジェクトマネジメントの事実上の国際標準PMBOK® ガイド（ISO21500にも参照される）もプロジェクトを成功させるためのマネジメントシステムである。

　このような流れから、イノベーションマネジメント・システムの国際規格としてISO56000sが発行された。イノベーションの創出に関する知見を標準規格化したものである。だが、イノベーションというクリエイティブな非定型のものを、「型」によって創り出すことができるのかという疑問はあるだろう。

　この疑問は、プロジェクトを対象とするプロジェクトマネジメントにもあった。プロジェクトというのはイノベーションと同様に唯一無二のユニークな業務のことである。筆者は、PMP®（米国のプロジェクトマネジャーの認定資格）としてこの20年、プロジェクトを成功させるためのプロジェクトマネジメントのコンサルティングや教育トレーニングを行ってきた。しかし、PMBOK® ガイドどおりにプロジェクトをステップ・バイ・ステップで進めても、うまくいかないプロジェクトは多い。だから私は、PMBOK® ガイドの「型」どおりの解説の研修はしていない。PMBOK®

を知らなくても、プロジェクトを成功させるプロジェクトマネジャーや
リーダーもよく知っている。彼ら彼女らは、PMBOK® ガイドよりも優
れたやり方を知っているということではない。それでも、プロジェクト
を成功に導ける。重要なことは、マネジメント・プロフェッショナルと
してのあり方、すなわち自らの貢献に対する責任を果たすことなのだ。
誤解のないようにしておきたいので弁明するが、PMBOK® ガイドの
「型」としての素晴らしさは、誰よりも認めている。筆者自身が、
PMBOK® ガイドとの邂逅（かいこう）によって、この道に進んだのであるからだ。

　ことのついでに少し昔話につきあっていただきたい。私が最初に
PMBOK® ガイドを手にしたのは2000年で、PMI® から1996年に刊行さ
れた初版の和訳版（1997年発行）であった。少し厚いノート程度の200ペー
ジに満たないもので、その4倍の800ページ近くもある現在のPMBOK®
ガイド（2017年に第6版発行）に比べると、ごくシンプルなものであった。
だが、読み込むうちにPMBOK® の中にある「型」に惚れ込み、その発
行組織が認定するプロジェクトマネジャーの認定資格であるPMP® の受
験を決め、2001年に資格を取得した。（当時の資格取得経験をベースに『プロ
ジェクトマネジメント国際資格の取り方』を2001年に上梓）以来、資格を更新し
て約20年ということになる。

　当時と比べて、プロジェクトマネジメントに関する情報量の違いには
目を見張る。だが、「型の美」は変わっていない。武道における「型」
のように、そこには精神的なものが含まれる。プロジェクトマネジメン
トは、「プロジェクトのマネジメント」であり、筆者は「マネジメント」
に「型の美」を感じた。これは、マネジメントを創り出したドラッカー
の思考と精神性の高さによるものだということがわかった。この20年の
中で、『もしドラ』（『もし高校野球の女子マネージャーがドラッカーの「マネジ
メント」を読んだら』ダイヤモンド社 2009年）などをきっかけにドラッカーの
マネジメント・ブームが再び起こったことは偶然ではないだろう。ドラ
ッカーの説くマネジメントの考え方が単なる株主価値を優先するような

経営戦略のための方法論であるなら、あれほど多くの人の共感を呼び起こすことはないはずだからだ。

このような「精神性」という話題をもち出すと、規格や標準プロセスというものとの矛盾を感じるかもしれない。だが、それはとらえ方の違いである。そもそも思考体系としての「マネジメント」は標準プロセスで図示できるようなものではない。それは、人の集団である組織を通して未来の社会をよりよくするための思考のデザインである。人間の思考はその精神によって影響を受ける。健康な時と病気の時とでは思考の質が違うように、健全な思考体系は、健全な精神から生まれる。「マネジメント」は、私たちが未来に可能性を求め、未来に何かを成し遂げようとするとき、それを助けてくれる。

「イノベーションマネジメント・システム」は、「イノベーション」というマネジメントの機能にフォーカスしたものである。これも新たな「型」として重要なものだが、「型」によって何かを創り出すには、「型」を活かすためのアプローチが必要である。そして、アプローチの主体は私たちである。この極意を、「型は美、技は心」という。

『プロジェクトマネジメント・プロフェッショナル』(生産性出版 2007年)は、この「型は美、技は心」のコンセプトで、プロジェクトを成功に導く人材像を書いた。今回は、イノベーションをプロジェクトとして成功させる新たな人材像「イノベーションマネジメント・プロフェッショナル」を取り上げる。

本書で扱わないこと

本書で扱うのはイノベーション・プロジェクトを成功させる人材像であり、イノベーティブ人材ではない。イノベーティブ人材を扱った優れた書籍はすでに世の中にあるので、そちらを参照されたい。デザイン思考などについても直接説明することはないが「デザイン」の意義は広く深く、筆者の主張するマネジメント思考もまた「デザイン」に関わる。

人間の意思決定プロセスを研究したノーベル賞学者のハーバート・サイモンは「現状をよりよい状況に変えるための一連の行動を考える者は、みな、デザインする者だと言える」と言った。サイモンの言葉にある一連の行動とは、「未来」において価値を創り出すための行動を示唆する。「未来」は、デザインの対象であり、イノベーションマネジメント・プロフェッショナルは、「未来の価値をデザインする者」と言える。「デザイン」を思考のレベルでのアプローチとすることには大いに同意するが、この意味で、何か具体的な「ものやサービス」を創り出すためのデザイン思考の手法に関することは扱わない。これは、イノベーティブ人材について扱わないのと同じ理由である。

　また、イノベーション・プロジェクトとして、正式に活動が承認された後のマネジメント・プロセスは、標準的なプロジェクトマネジメントの他に反復・漸進型の手法を取り入れたアジャイル・プロジェクトマネジメントなどを取り入れることもできる。このアプローチは変更要件への対応を重視するため、イノベーション・プロジェクトにも有効であると考えるが、事案ごとに検討すべきで一概には何が適しているとは言えない。実際には、それぞれの考え方を取り入れるハイブリッドなアプローチを取ることもあり、そうした考え方は本書の中でも活かされているが、方法論としての詳細は、別の機会に説明したい。

　複数のイノベーション事案や構想をマネジメントするプログラムマネジメントやポートフォリオマネジメントについても、本書では扱わない。

本書の構成

　本書は、3部構成である。

　第1部は、「イノベーションマネジメント・プロフェッショナル」というイノベーションを創出する取り組みに鍵となる人材像について説明する。その前提として、イノベーションマネジメントについて、国際規格ISO56002の内容を踏まえて説明している。今後、イノベーションの

創出を支援する仕事に関わりたいという方、ざっくりとイノベーションマネジメント・システムや国際規格の動向を知りたい方におすすめする。

　第2部は、イノベーションマネジメント・プロフェッショナルが、どのようにしてイノベーションマネジメントを進めていくのかということを、具体的に、ビジョンや戦略をつくるプロセスとして説明している。単にプロセスの説明ではなく、「思考のあり方」を明らかにしたことが特徴である。そもそもなぜ、ビジョンや戦略が必要なのかという疑問が氷解することで、従来から指摘のあった面倒臭い戦略策定の無駄なプロセスを回避できる。これは、新規事業のプロジェクトやイノベーション案件を任されたが、まず、何からはじめればよいかわからない、知りたいという方におすすめする。

　第3部は、イノベーション・プロジェクトをプロジェクトマネジメントやリスクマネジメントを統合する観点から説明する。ISO56002のガイドラインだけでは、イノベーション・プロジェクトに取り組むには物足りない。実践的なプロジェクトマネジメントやリスクマネジメントの観点で統合し、ビジョンや戦略を補強する。プロジェクトではステークホルダーの影響や不確実な前提やリスクに対処していくことが求められる。イノベーション・プロジェクトの成功のアプローチを知りたい方におすすめする。

本書で用いる用語について

　本書で用いる特定の用語については、できるだけISO56000sや諸規格、PMBOK® ガイドで使われているものと共通するようにしている。複数の規格間で異なる用い方がある場合は、ISO56000sを優先し、例外は注記するようにしている。また、訳出にあたっては、英語の規格を基にしている。できるだけ前例に従い、一般的な訳になるようにしているが、

読者の理解しやすさを優先し、敢えて意訳していることもある。すべてについて、公式な訳としてチェックしているわけでないことはご承知置きいただきたい。

　本書を読むうえで、最初に共通認識とするため、主要な用語について説明する。

　□イノベーション(Innovation)

　イノベーションは、新しい価値を創出、または再配分することである。ISO56000(3.1.1)の注釈によれば、何らかの成果をもたらすこと("Innovation is an outcome.")と端的なものであり、その成果をもたらすための一連の活動や目標といった意味は含まないとある。それぞれの意味で用いる場合は、「イノベーション活動」や「イノベーション目標」とする。これは、「プロジェクト」の用い方と同じと考えてよい。「プロジェクト」という用語の中に、さまざまな意味を含めることがあるが、意図を明確にするために「プロジェクト活動」「プロジェクト目標」といった使い方をするようなことである。

　□イノベーション・プロジェクト(Innovation project)
　□イノベーション事案(Innovation initiative)

　本書では、「イノベーション・プロジェクト」という言葉を用いるが、実は、ISO56000sにはこの用語はない。イノベーションは、その特質から一般のプロジェクトのように構想をはじめた当初から、その活動をいつはじめるのかという明確な開始時期や、どこまでやるのかという終了時期が定まっているものではない。まず、イノベーションの創出する価値が認められ、その活動が承認されるまでが重要である。承認後はプロジェクトとして活動を開始する。本書は、この区別が重要であると考え

て、活動が承認される前は、ISO56000sで相当する「イノベーション・イニシアティブ（Innovation initiative; set of coordinated activities aiming for innovation）」を「イノベーション事案」として用いる。そして、その「イノベーション事案」承認後は、「イノベーション・プロジェクト」を用いる。

　ISO56000sは、イノベーションマネジメント・システムの国際規格であり、「イノベーション事案」をプロジェクトとしてマネジメントを行うところの詳細についてはPMBOK® ガイドをはじめ、他を援用する必要がある。本書では、イノベーションマネジメントとプロジェクトマネジメントの統合を試みるため、その象徴としても「イノベーション・プロジェクト」を使う。

　□イノベーション事案のポートフォリオ（Innovation portfolio）

「イノベーション・プロジェクト」「イノベーション事案」で説明したとおり、イノベーションの創出する価値が認められ、その活動が承認されるまでの区別が重要であることから、ISO56000sの「イノベーション・ポートフォリオ（innovation portfolio; set of innovation initiatives grouped together）」は、その活動が承認される前後で「イノベーション事案のポートフォリオ」と「イノベーション・プロジェクトのポートフォリオ」とを区別する必要がある。ただし、本書では、単一の「イノベーション事案」または「イノベーション・プロジェクト」についてのみ扱う。

　□「イノベーション・ビジョン（Innovation vision）」
　□「イノベーション戦略（Innovation strategy）」
　□「計画（Planning）」
　□「イノベーション目標（Innovation objectives）」
　ISO56002では、「イノベーション・ビジョン（Innovation vision）」と「イ

14

ノベーション戦略(Innovation strategy)」は用語としてあるが、「イノベーション計画(Innovation plan)」という用語はない。ISO56000sでは、単に「計画(Planning)」である。この「計画(Planning)」は、いわゆるPDCAサイクルのPに当たる計画のプロセス全体を表しており、「戦略」を具体化したものという意味での「計画」ではない。この「計画(Planning)」のプロセスの中で、「イノベーション・ビジョン」や「イノベーション戦略」、あるいは、「機会とリスクへの対応計画」「組織計画」などを統合的に作成する。

「イノベーション戦略」を具体化したものという意味では、「イノベーション目標(Innovation objectives)」を用いている。これも、「計画(Planning)」プロセスで作成する。

なお、「イノベーション・ビジョン」「イノベーション戦略」「イノベーション目標」を文脈の中で誤解が生じない場合には、単に「ビジョン」「戦略」「目標」と表記することがある。組織のそれらを示す場合は、「組織のビジョン」「組織の戦略」などと表記して区別する。

□マネジメント(Management)
□イノベーションマネジメント(Innovation management)
□トップマネジメント(Top management)

「マネジメント」を端的に表現することは、「マネジメント」を思考体系とする立場からは避けたいところではあるが、本書ではISO56000sをベースにした説明をしていることから、共通認識のためには必要であると考える。ISOの定義に則すると、「マネジメント」は、目標達成のために責任や権限といった機能をもつ人やグループに対して指示し、コントロールする組織的な活動(coordinated activities)ということである。そして、戦略、方針、目標、目標達成のためのプロセスを策定することが内容として挙げられている。

「イノベーションマネジメント」は、"イノベーションに関するマネジメント"という素っ気ない定義であるが、「イノベーション・ビジョン」「イノベーション戦略」「イノベーション目標」「組織体制」を策定し、「計画」「支援体制」「活動」「パフォーマンス評価」「改善」といったプロセスを遂行することが内容として挙げられており、これらは、ISO56002の目次(26頁、図表1‐1参照)に対応するものである。

　また、組織の指揮系統として人やグループを指す場合にも「マネジメント」は用いられ、この意味で「トップマネジメント」が、組織の最も高い位置づけとされている。これもただ一人ということではなく、複数の人を含む意味がある。

　なお、用語としてではなく、思考体系としての「マネジメント」については、本書の中で筆者なりの主張をしている。「マネジメントの父」として知られるドラッカーの影響を強く受けたものである。

　　□マネジメントシステム(Management system)
　　□イノベーションマネジメント・システム(Innovation management
　　　system)

「マネジメントシステム」は、「マネジメント」の定義で明示された「戦略、方針、目標、目標の達成のためのプロセス」を策定するための「責任や権限といった機能をもつ人やグループ」が相互の関係する、まとまりをもった「仕組み」である。

「イノベーションマネジメント・システム」は、イノベーションに関する「マネジメントシステム」である。それは、組織全体、あるいは組織で統合されたマネジメントシステムの一部として機能する。単独のシステムとして存在するものではない。

　いわゆる「コントロール」のシステムは部分最適を、「マネジメント」のシステムは全体最適を目的としていることを認識しておきたい。

CONTENTS

第2部
イノベーションマネジメント・プロフェッショナル
──思考のアプローチ

第3章
イノベーション・プロジェクトの立ち上げ

第4章
イノベーション・ビジョンをつくる

第5章
イノベーション戦略をつくる

第3部
イノベーションマネジメント・プロフェッショナル
——統合的アプローチ

第6章
「イノベーションマネジメント」と
「プロジェクトマネジメント」の統合

第7章
「イノベーションマネジメント」と「リスクマネジメント」の統合

第1部

イノベーション マネジメント・ プロフェッショナル

役割と責任

第 1 章

イノベーションと
イノベーションマネジメント

1.1
新しい価値を生み出す仕組み
──イノベーションマネジメント

「企業の目的が顧客の創造であることから、企業には2つの基本的な機能が存在することになる。すなわち、マーケティングとイノベーションである」（P.F.ドラッカー『新訳　現代の経営』、ダイヤモンド社）

　マネジメントの役割として、イノベーションという機能をもつことは、組織の持続的な成長のためには必須であるということだ。すなわち、イノベーションマネジメントというのは、組織のマネジメントで、もともと有していなければならないものである。だが、イノベーションを組織的に取り組んでいることは少ないのが実情だ。組織の中で、「イノベーション○○」というネーミングの部署などが増えてきているが、単に、新規分野として取り組むということを標榜しているに過ぎないことも多

い。新しいことに取り組むのはよいことだが、それは目的ではないし、組織をつくるということを最初にやることでもない。目指すべきは、顧客や社会の価値を創り出すことである。そのために、最初にやるべきことは、顧客や社会の価値を誰にどのように提供しているのかという未来のビジョンをつくり、共有することだ。

　イノベーションの基になるのは新発見や新発明でなくてもよい。イノベーションは、いわゆる技術革新のことだけを指すものではなく、顧客や社会に新しい価値を生み出す仕事は、すべてイノベーションととらえることができる。組織全体として、顧客や社会に価値を提供するためのマネジメントの機能が仕組みとしてあれば、部署や事業の名前には大げさに「イノベーション」とつけなくてもよいのだ。このような仕組みのことを、「イノベーションマネジメント」と呼ぶ。
「イノベーションマネジメント」は、「新しい価値」に注目しているので、そこには必ずしも「新しい技術」や「新しい機能」が必要なわけでもない。

　たとえば、デジタルトランスフォーメーション（DX：Digital Transformation）はイノベーションマネジメントの一形態である。経済産業省の定義で「企業がビジネス環境の激しい変化に対応し、データとデジタル技術を活用して、顧客や社会のニーズを基に、製品やサービス、ビジネスモデルを変革するとともに、業務そのものや、組織、プロセス、企業文化・風土を変革し、競争上の優位性を確立すること」（経済産業省「デジタルトランスフォーメーションを推進するためのガイドラインVer. 1.0」）とある。データとデジタル技術を活用することだけが目立っているが、本質は顧客や社会価値の増大を図る仕組みであることに注目すべきだ。経営トップは、データやデジタル技術のことはCIOや情報部門に任せるという姿勢ではなく、トップマネジメントとしてDXの推進、すなわち、イノベーションマネジメントの推進にコミットしなければならない。イノベーションマネジメントとしての仕組みがないまま、つまり、価値の創出を明確にし

たビジョンもないままに、DXに取り組むことだけは避けたいところだ。

　重要なことは、そのような明確なビジョンをつくるような仕組みを機能させるための、それを支える人材とその意識だ。意識にはイノベーションを創出する組織の文化が含まれており、重要な成功要因の1つに数えられる。デジタライゼーションやAI & IoTなどのテクノロジーは、今後のイノベーションに不可欠な要素である。だが、それは、テクノロジーを活用することによって、社会的な価値を飛躍的に増大させることができるからである。

　本書を手にしている読者には釈迦に説法だと思うが、イノベーションマネジメントは、単にイノベーションの事案を管理することではない。イノベーション事案のポートフォリオは戦略的に必要かもしれないが、それは、継続してイノベーションの創出に取り組むための、イノベーションマネジメントの機能のほんの一部である。中にはポートフォリオを必要としないというイノベーションの方針があってもよい。管理のための仕組みは本末転倒で、必要でないどころか害を及ぼす。現場から、余分な文書が増えるという声を聞くことになるだけだろう。マネジメントと管理は違う（【コラム⑤】参照）。

　イノベーションマネジメント・システムは、組織全体としてイノベーションの創出に取り組むための体系化された業務の体制である。

1.2
イノベーションマネジメント・システムの
国際標準規格ISO56002

　本書の冒頭やコンセプトの説明で、イノベーションマネジメント・システムの国際規格としてISO56000sが発行されたことを述べた。このISO56002も、組織のトップマネジメントのリーダーシップとコミット

メントについて明記していることは、マネジメントの役割・責任であることを示すものである。

ISO56002は、"ISO56002:2019 Innovation management – Innovation management system – Guidance"の正式名称で、2019年7月に初版（Edition 1）が発行された。10箇条（Clause）26ページ程度の文書である。

ざっくりと概要を理解するため、次頁の図表1-1に目次を示す。特に重要な項目については下部階層まで示した。

ISOの規格は、国際標準化機構ISO本部や、JSA（日本規格協会）のWebサイトから購入できる。各サイトでは、規格番号で容易に検索できる。ISO本部では、ここに示した目次や本文の一部も閲覧できる（言語は英語）ようになっている。ここには掲載しないが、全体の構成を示す図がFig.1として公開されているので、ぜひ確認しておきたい。

このISO56002をイノベーションマネジメントの「型」として考える。イノベーションの創出の課題の全体をとらえてみると、挑むべき課題の視点には、組織的、プロセス、人的、テクノロジーという4つの課題と、それらが相互に関係する課題（下図の矢印に相当）として5つの課題、計9つがある。このフレームワーク図は、拙著『プロジェクトマネジメント・プロフェッショナル』（生産性出版 2007年）で初めて紹介したもので、組織体の構造の全体をとらえるための「型」として作成した。

こうしてみると、散在するこれらの課題に手当たり次第に取り組むべきではないことがわかる。このように、「全体をとらえる」ことで統合的に対処していくことが求められる。

そこで、全体像をとらえるために、ISO56002で相当する主な箇条（括弧内の数字は、箇条番号）を27頁の図表1-2のようにマッピングした。なお、拙訳は公式なものではなく意訳しているところもあることをご承知置きいただきたい。こうしてみると、各条項は相互に関係して全体のシステムとして機能することがわかる。たとえば、この図において「組織」と「プロセス」の間の矢印（→）の上に、「リーダーシップ」「方針・ビジョン・

◆図表 1-1 ISO56002 の目次

◆図表1-2 イノベーションマネジメント・システムの全体像 (ISO56002マッピング)

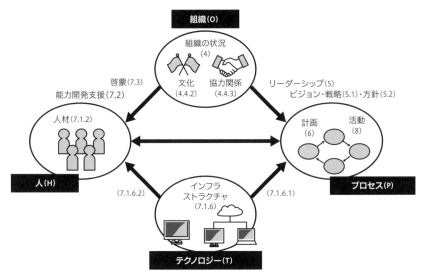

戦略」とある。これはイノベーションマネジメントのプロセスとして「計画」や「活動」は、トップマネジメントのコミットメント(深い関与)のもとに、組織の方針・ビジョン・戦略にしたがって実施することを示す。

　各条項の詳細を説明していないのだが、まずはこのように全体を俯瞰し、組織全体でのイノベーションマネジメントの取り組み状況を評価分析することが重要である。たとえば、この図を壁に貼って、ポスト・イット®に問題点や課題を書いて貼りつけていってもよい。このとき、最初から細部にこだわってはいけない。貼られたポスト・イット®の分布などに着目できればよい。

　また、ISO56002の内容そのものには、網羅性や記述レベルに偏りがある。ISO56002だけで完全性を目指すものではなく、ISO56000sの他の規格、あるいはイノベーションマネジメントについての英国規格や欧州規格、ISO21500など他のISO規格など(【コラム①】参照)と補完し合うという考え方に立つ。さらに、このような規格だけではなく、分析評価の結

果、自分の組織で足りない仕組みやリソースは、他で補っていくことが求められる。冒頭で挙げた経済産業省が設立した「イノベーション100委員会」により策定された「日本企業における価値創造マネジメントに関する行動指針」は、ISO56002を踏まえた手引書という位置づけであり、イノベーションマネジメントの行動指針が具体例とともに記載されているので、活用しやすい（【コラム②】参照）。この中に、ISO56002の全体像を示すFig.1が邦訳されているので、参照されたい。

コラム ①

ISO56000sと関連規格

　ISO56000sとして、今後の発行予定のものを含め、以下のラインナップがある。

ISO規格番号	規格タイトル　(Innovation management -以下)	発行日	箇条数	ページ数
ISO 56000	Fundamentals and Vocabulary	2020- 3	4	37
ISO 56002	Innovation management system — Guidance	2019- 7	10	26
ISO 56003	Tools and methods for innovation partnership — Guidance	2019- 2	8	21
ISO/TR 56004	Innovation management Assessment — Guidance	2019- 2	10	30
ISO 56005	Intellectual property management — Guidance	2020	6	41
ISO 56006	Strategic intelligence management — Guidance	2020		
ISO 56007	Idea management — Guidance	2021		
ISO 56008	tools and methods for innovation operation measurements — Guidance	2021		

　ISO56002をベースにして、イノベーションマネジメントの活動状況やパフォーマンスの評価分析に関するもの(ISO/TR 56004)、知的財産に関するもの(ISO56005)、イノベーションのために内外から有用な情報を集めて活用することに関するもの(ISO56006)、イノベーションの基となるアイデアに関するもの(ISO56007)などがある。

　特に重要なものは、ISO56005の知的財産に関するものである。知的財産に関わる戦略は、イノベーション方針と切り離して考えることはできない。知的財産の何をオープンにして、何をクローズにして扱うかというような基本戦略だけでなく、個別の知的財

産権の活用までを戦略化するなどには高度な専門性が要求される。

　これまでの知的財産部門のミッションを見直し、組織全体のイノベーションマネジメント・システムとして位置づけるためには、トップマネジメントのコミットメントが必要かつ重要だ。その指針としてISO56005およびISO56006を活用することが考えられる。また、ISO56002の関連規格として挙げられている主要なものは、以下のとおりである。

・英国規格 BS7000- 1 :2008, Design management systems — Part 1 : Guide to managing innovation
・欧州規格 CEN/TS 16555 (all parts), Innovation Management System
・国際規格 ISO 9000:2015, Quality management systems — Fundamentals and vocabulary
・国際規格 ISO 9001:2015, Quality management systems — Requirements
・国際規格 ISO 9004:2018, Quality management — Quality of an organization — Guidance to achieve sustained success
・国際規格 ISO 14001:2015, Environmental management systems — Requirements with guidance for use
・国際規格 ISO 21500, Guidance on project management
・国際規格 ISO 31000:2018, Risk management — Guidelines

　上記の規格番号で、BSでもCENでも、関連資料を検索できる。特にプロセス関連の図なども簡単に見つかるので、参考にすることができる。

コラム ②

「イノベーションマネジメントの指針」とは何か

「イノベーションマネジメントの指針」は、イノベーションマネジメント・システムの根幹となるものである。「指針(Principle)」とは、「何かしなければならないことではなく、何を大切にして行動するか」を示すもので、戦略のように情勢に応じて変えるものではない。「行動指針」や「行動原則」と呼んでもよい。よりどころとする共通の価値観の基準であり、単なるTo Do リストではない。自分たちの大切にする価値観はチェックしていくようなものではなく、納得のいくまで議論し、合意形成を図るものだ。

　ISO56002で提示されているのは、次に示す8つの項目のみである。これらは、自分の組織でつくることを前提にしているからである。それぞれに筆者の解釈を付すので、組織で指針を作成するときの参考にしていただきたい。

1.　価値の実現

　イノベーションの創出によって社会価値や顧客価値を実現することについての指針。この指針はイノベーションの意義そのものである。価値にもいろいろあるが、短期的な経済価値よりも社会価値や顧客価値にフォーカスすることが肝要であることは、本書の中でも詳しく説明している。

2. 未来志向のリーダー

　未来志向の人材により、イノベーションを創出することについての指針。ISO56000sでは、リーダーという呼び方をしているが、この未来志向たるリーダーにあたるものが、本書の「イノベーションマネジメント・プロフェッショナル」である。ただし、リーダーは相対的な役割であり、同一人物がリーダーの役割をもち、かつ、フォロワーとしての役割を担うことにもなる。フォロワーの役割によってリーダーが役割を果たすことができることを考えると、この指針は、組織の中で人材がそれぞれの立場で主体的に役割を果たすことに意義があることを示す。

3. 戦略的方向性

　イノベーションマネジメントは、組織のビジョン、方針などによって上位の戦略的な方向性に従うことについての指針。この指針により「イノベーション方針」「イノベーション・ビジョン」「イノベーション戦略」「イノベーション目標」は、整合性をもつことが求められる。これは重要なことであり、実際の取り組み方については第2部(第3章・第4章・第5章)で詳しく説明する。

4. 文化

　イノベーションの創出に、組織文化を大切にした取り組みを行うことについての指針。この指針の意義は、ドラッカーの金言「企業文化は戦略に勝る(Culture eats strategy for breakfast)」に尽きる。イノベーションの創出は属人的な行為ではなく、組織の仕組みとして取り組むのがイノベーションマネジメント・システムの基本的な考え方である。組織の文化には、明らかにイノベーションを

創出するようなものと、そうではないものとがある。軽視されがちだが、これはイノベーション創出の重要な成功要因であり、目を向けるべきだ。ただし、文化は材料をお膳立てしてつくるようなものではなく、組織の中での活動を通して醸成されていくものである。先進的といわれる企業文化の真似をして、何か目に見えることからはじめるものではない。これにはまず、従来の組織文化についての誤解を正すという意義もあるだろう。

5. 知見の活用

イノベーションの創出に、組織内外の知見を活用することについての指針。イノベーションの創出には、さまざまな知見や才能が必要である。それらを統合することが不可欠である。鍵となるのは「多様性」と「統合」であり、これには前項の「文化」も関わってくる。

したがって、この指針は組織が自前主義にこだわることをけん制するものとしての意義がある。明文化するかどうかは、その組織次第である。

6. 不確実性への対処

イノベーションマネジメント・システムとして不確実性に対処することについての指針。イノベーション・プロジェクトに限らず、プロジェクトはすべて不確実性への対処が求められる。長年、プロジェクトマネジメントをしてきた経験からいえば、リスクへの対応だけでは足りない。不確実性の本質をとらえ、アサンプションという前提や、思い込みといったものをマネジメントすることで不確実性に対処できる。アサンプションについては、本書の

中で詳しく説明している。

7. 適応性

　イノベーションマネジメント・システムを、他のマネジメントシステムと連携することで可用性を高めることについての指針。イノベーションマネジメント・システムはそれだけで成り立つものではなく、他のシステム、仕組みと連携して目的を達することができるということを明確にすべきである。個別最適ではなく全体最適を目指す仕組みとすることである。

8. システムズ・アプローチ

　イノベーションマネジメント・システムは、システムズ・アプローチにより構築することについての指針。システムズ・アプローチは、システムの構造をとらえて、体系的なアプローチにより問題を解決する手法である。「システム思考(狭義)」とも呼ぶが、「部分だけではなく全体を、個別要素だけではなくその関係性を重視する」考え方である。筆者の考え方も、システム思考に依るところが大きい。本書の中で紹介している「全体をとらえる」という思考態度や、全体像をとらえるためのフレームワーク(図表1-2)の活用もそうである。

　具体的な「イノベーションマネジメントの指針」の作成には、プロローグで触れた「イノベーション100委員会」策定の「日本企業における価値創造マネジメントに関する行動指針」も参考になるので、次表に示す。詳しい背景などは、経済産業省のウェブサイトから公開・ダウンロードできるので、ぜひ確認していただ

きたい。表中にISO56002の「イノベーションマネジメントの指針」および各箇条との関連も示している。

7つの問いかけ		12の行動指針		ISO56002	
				イノベーションマネジメントの指針	箇条
1	何を、目指すのか？	1	存在意義に基づき、実現したい未来価値を構想・定義し、価値創造戦略をつくり、社内外に発信する	価値の実現	組織の状況（4）リーダーシップ（5）計画（6）
2	なぜ、取り組むのか？	2	自社の理念・歴史を振り返り、差し迫る危機と未来を見据え、自社の存在意義を問い直す		
3	誰が、取り組むのか？	3	経営者自らが、戦略に基づき、情熱のある役員と社員を抜擢し、常に、守護神として現場を鼓舞し、活動を推進する	未来志向のリーダー	リーダーシップ（5）
4	何に、取り組むのか？	4	既存事業の推進と同時に、不確実な未来の中から、事業機会を探索・特定し、短期的には経済合理性が見えなくても、挑戦すべき新規事業に本気で取り組む	戦略的方向性 不確実性への対処	計画（6）
5	どのように、取り組むのか？	5	資金・人材等のリソース投入プロセスを、既存事業と切り分け、スピード感のある試行錯誤を実現する	戦略的方向性	リーダーシップ（5）支援体制（7）イノベーション活動（8）
		6	経営状況に関わらず価値創造活動に一定の予算枠を確保し、責任者に決裁権限を付与する		
		7	価値創造にむけ、社内事業開発と社外連携を通じて試行錯誤を加速する仕組を設ける	知見の活用	支援体制（7）イノベーション活動（8）
6	どのように、続けるのか？	8	価値創造活動においては、自由な探索活動を奨励・黙認すると共に、リスクを取り、挑戦した人間を評価する仕組を装備する	戦略的方向性 不確実性への対処	組織の状況（4）イノベーション活動（8）
		9	価値創造活動においては、小さく早く失敗し、挑戦の経験値を増やしながら、組織文化の変革に取り組む	文化	
		10	スタートアップとの協創、社内起業家制度の導入等により、創業者精神を社内に育む	知見の活用	
		11	スタートアップや投資家に対して、価値創造活動を発信し、自組織の活動を支える生態系を構築する	適応性	支援体制（7）
7	どのように、進化させるのか？	12	経営者が価値創造活動を見える化（文書化）し、組織として反芻（はんすう）し、活動全体を進化させ続ける	戦略的方向性 知見の活用	パフォーマンス評価（9）改善（10）

出所：経済産業省「イノベーション100委員会レポート」をもとに筆者作成

第 2 章

イノベーション マネジメント・ プロフェッショナルの 役割と責任

2.1
イノベーションマネジメント・
プロフェッショナルの役割

　第1章の最後に示したイノベーションマネジメント・システムの全体像(図表1-2)を見て気がつかれた方もおられると思うが、「人」と「プロセス」の間の両矢印(⇔)には、ISO56002の箇条がマッピングされておらず、ぽっかり空いている(図表2-1の★印の部分)。

　ISO56002は、ガイダンス規格としての性質上、プロセス中心の記述とならざるを得ない。プロセスを明確にするだけではもちろん、仕組みとしては不十分で、人の介在をもってプロセスは活用される。すなわち、

◆図表2-1　イノベーションマネジメント・プロフェッショナルの位置づけ

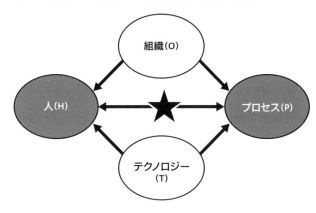

　この部分がイノベーションマネジメント・システムを実際にうまく機能させる鍵を握っている。つまり、イノベーションの創出の重要成功要因である。ビジョンや戦略をつくる際に、あるいは、計画したイノベーション活動を実施する際に、適切な能力や経験をもつ人材が必要である。これは、プロセスの視点で観ると、規定されたプロセスが、必要とする人材の資質や能力や経験を求めるとも言える。

　この人材こそが「イノベーションマネジメント・プロフェッショナル」である。イノベーションマネジメント・プロフェッショナルには、主要な3つの役割がある。

①イノベーション・プロジェクトのマネジメント
②イノベーション・プロセスのファシリテーション
③イノベーション・プロジェクトのマーケティング

　これらは役割であり、一人の人物がすべて担うものではない。兼ねることもできるが、それぞれの役割でプロフェッショナル責任（次節2.2で説明する）を果たすことが求められる。

本章では、役割とその責任について説明し、必要な能力や経験については別に説明する。これは、役割は異なっていても、能力の前提となる「思考のあり方」（態度とも呼ぶ）については、マネジメントのプロフェッショナルとして共通したものがあるからである。「能力」と言ってきたが、その基になる「思考のあり方」が重要だからだ。

2.1.1
イノベーション・プロジェクトのマネジメント

　イノベーションマネジメント・プロフェッショナルの役割として、イノベーション・プロジェクトのマネジメントがある。マネジメントとは、単なる管理ではない（【コラム⑤】参照）。プロジェクトのマネジメントは、メンバーの皆をプロジェクトのミッション達成に導くことだ。つまり、その役割はリーダーである。これもよく誤解されるが、マネジメントとリーダーシップは対比されるものではない（2.2.5節参照）。イノベーションマネジメント・プロフェッショナルは、マネージャーでありリーダーである。

　そして、イノベーション・プロジェクトに特有の事情を考慮する必要がある。PMBOK® ガイドにあるとおり、プロジェクトには明確な開始と終結があること（プロジェクトの有期性）がその特徴である。だが、イノベーション・プロジェクトは、開始も終了も不明瞭である。つまり、PMBOK® ガイドによるとイノベーション・プロジェクトは、厳密にはプロジェクトとは言えないことになる。

　このような実態を踏まえたイノベーション・プロジェクトの立ち上げについては第2部（第3章・第4章・第5章）で詳しく説明していくが、一般のプロジェクトのようにミッションが明確ではないため、手探りでイノベーションのビジョンをつくることが必要だ。これをリードしていく役割が求められる。

　イノベーション・プロジェクトは案件化できるかどうかわからないようなアイデアから事業化の承認を得て、公式にプロジェクトを開始する役割が重要なのだ。この点は、一般的なプロジェクトの場合のプロジェクト憲章の発行、または承認アプローチと異なる。これをイノベーションマネジメント・システムとして、明確なマネジメント手続きを規定することも役割である。

　たとえば、一般的なプロジェクトの場合のプロジェクト憲章とは異なるので、新たに「イノベーション・プロジェクト憲章」というものを定義し、「誰が、いつ作成するか」「その内容は何か」「誰が、いつ承認するか」ということを明確にする。そして、イノベーション事案ごとに「イノベーション・プロジェクト憲章」を作成する。「イノベーション・プロジェクト憲章」を、イノベーションマネジメント・プロフェッショナルが、ビジョン→戦略→計画の一連のアウトプットとして発行する。これはつまり、「たとえばこの場合、トップマネジメントや上位のマネジメントの承認プロセスを、組織として決めておく」というようなことだ。また、このインプットとして、トップマネジメントを巻き込んで「イノベーション方針」（【コラム③】参照）を作成しておくことも必要となる。

　ISO56002を基にした「イノベーション・プロジェクト憲章」作成の流れを図表2-2に示した。

◆図表2-2　イノベーション・プロジェクト憲章作成の流れ

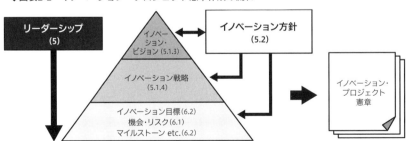

「イノベーション・プロジェクト憲章」が承認されて、イノベーション・プロジェクトとして公式に開始し、イノベーション活動（プロジェクト）をはじめる。イノベーションマネジメント・プロフェッショナルは、図表2-3のようなイメージでPDCAサイクルを回していく。

◆図表2-3　イノベーション・プロジェクトのPDCAのイメージ

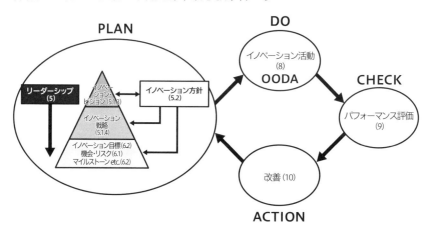

　このイノベーション・プロジェクトをPDCAで回していくことについて、VUCA[注1]を考慮すると、PDCAではなくOODAループのことを連想するかもしれない。OODAは、Observe（観察）→Orient（情勢適応・判断）→Decide（意思決定）→Act（行動）の4ステップのアルファベットの頭文字から命名されている。そして、これらのステップは再度、Observe（観察）にフィードバックされるループ構造である。

　この考え方は、図表2-3のDO（イノベーション活動）に該当する（次節2.1.2参照）。イノベーション・プロジェクト全体のマネジメントのサイクルはPDCAである。つまりこれは、PDCAとOODAのハイブリッドなアプローチといえる。

　PDCAサイクルではPLAN（計画）を特に重視するため「想定外のこと

図表2-4　OODAループのイメージ

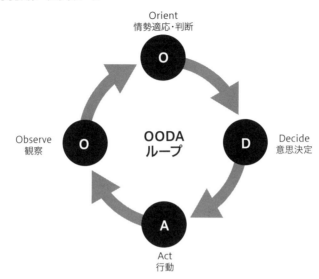

に弱い」と指摘されるが、これはかなり乱暴なもので論拠が不明である。PLAN（計画）という用語が細かな数値を連想させる誤解を与えているのだと考える。適用分野によってそのニュアンスは若干異なるが、マネジメント・サイクルとしてのPLAN（計画）は、「計画」プロセス全体の総称であり、数値目標を伴う狭義の計画ではなく、「戦略」や「ビジョン」の作成などを含むものである。詳細な計画どおりにいかないのはプロジェクトの常で、それは前提でもあり、それらを考慮した「戦略」がある。また「想定外のこと」が起こらないように、第3部では、リスクマネジメントを拡張したプロアクティブ・リスクマネジメントによって対応できることを説明している。「想定外のこと」が起きるのは、むしろ、このようなマネジメント手法をもたない旧態依然とした単純すぎるアプローチによるものだ。不確実で変化の速い時代だからこそ、それ相応のマネジメントが必要となる。

　イノベーション・プロジェクトのPDCAで考慮すべきは、PLAN（戦略）

で「時間・コスト・品質」のトレードオフを検討する際に、開始と終了が不明瞭であるという「時間」についての前提である。このため、CHECK（パフォーマンス評価）やACTION（改善）では柔軟な対応が望まれる。これは、リスクマネジメント戦略の中でスケジュールに関するリスクを扱う際にも同様の配慮が必要である。

［注1］VOLATILITY（変動性・不安定さ）、UNCERTAINTY（不確実性・不確定さ）、COMPLEXITY（複雑性）、AMBIGUITY（曖昧性・不明確さ）という4つのキーワードの頭文字。現代の経営環境を取り巻く状況を表す用語して認知されるようになった。

コラム ③

「イノベーション方針」とは何か

「イノベーション方針」は、個別のイノベーション事案のための活動方針であるが、個別につくるものではなく、トップマネジメントのコミットメントの下に、組織として作成しておく。ただし、「イノベーションマネジメントの指針」に則っている限り、個別のイノベーション事案に適用する方針はあってもよい。

「イノベーション方針」とは、ISO56000、56002を踏まえると、次に示す3点で定義できる。

- 「イノベーションマネジメントの指針（Innovation management principles)」（【コラム②】参照)に則り、イノベーション活動が守るべきことである。
- 「イノベーション・ビジョン」とともに、組織の方向性を示す拠り所となるものである。
- 「イノベーション戦略」や「イノベーション目標」を策定するときに基本となるものである。

次頁の図に「イノベーションマネジメントの指針」との関係を示す。「イノベーションマネジメントの方針」は組織全体の方針で、「イノベーション方針」は、より具体的な個別のイノベーション事案の活動方針という位置づけである。

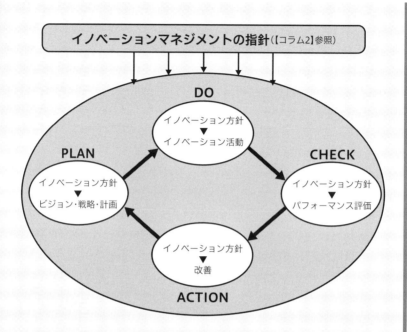

「イノベーション方針」が備えるべき要点として次の2点がある。

・倫理的・サスティナビリティ(持続可能性)の観点の要求事項を
　順守することが含まれている。
・イノベーションマネジメント・システムの継続的改善に関し
　て守るべきことが含まれている。

　たとえば、1点目の特徴は、SDGsとの関連を示唆するものと
いえるので、「イノベーション方針」に「SDGsの目標に合致し
た戦略計画を策定する」などを挙げることが考えられる(【コラム
④】と第5章5.3参照)。

2.1.2
イノベーション・プロセスのファシリテーション

　ISO56002で規定されているように、イノベーションマネジメント・システムにはトップマネジメントのリーダーシップやコミットメントが欠かせない。だが、そのようなトップマネジメントが関与する局面において、実際にアウトプットを出したり、パフォーマンスを上げたりするためには、特有の能力や経験をもった人物が必要である。トップマネジメントの役割の代替はできないので、そのファシリテーションが重要となる。前節で述べたようにイノベーション・プロジェクトのマネジメントの役割においても、このファシリテーションは必要である。特に、イノベーション・プロジェクト憲章が発行される前は、そうである。さまざまなステークホルダーの異なるマネジメントレベルの意見を、うまく取りまとめていくことが求められる。ファシリテーターの触媒としての役割が重要である。

　また、イノベーション・プロジェクトのPDCAサイクルの中で、DOのイノベーション活動（次頁、図表2-5）については、特有の能力や経験によって、イノベーション・プロセスをファシリテートすることもイノベーションマネジメント・プロフェッショナルの役割である。前節2.1.1で触れたように、このイノベーション活動は、OODAという、Observe（観察）→Orient（情勢適応・判断）→Decide（意思決定）→Act（行動）の4ステップのループのサイクルが適している。

　次頁の図表2-6に、ISO56002に基づいたイノベーション活動のプロセスを示す。OODAの「型」どおりではなく、その考え方が取り入れられている。そして、これをイノベーション活動の「型」とするが、これも「型」どおりにする必要はない。「型」を活かすのがイノベーションマネジメント・プロフェッショナルであり、これらのプロセスには、それぞれ特有の知見が必要である。

◆図表2-5　イノベーション・プロジェクトのPDCAのイメージ（DO）

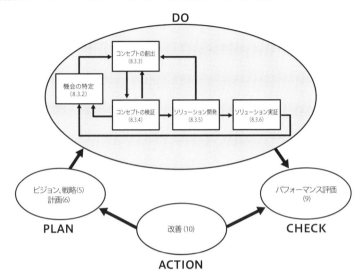

◆図表2-6　イノベーション・プロセスのイメージ（ISO56002に基づく）

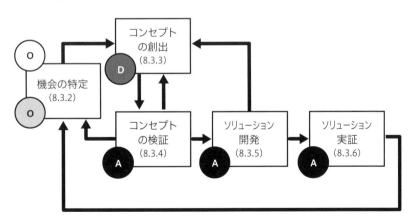

　新規事業など組織で実際に有効なプロセスとの整合をとることもある。これらは、イノベーション・プロジェクト全体のPDCAのサイクルの中で継続的に改善していくものだ。このあたりのマネジメント・サイクルに関することは、前節のイノベーション・プロジェクトのマネジメントの役割を担う人物へのファシリテートをすることになる。このように、イノベーションマネジメント・プロフェッショナルは、主体的に多様な人物へファシリテートする役割がある。

　なお、各プロセスにおけるファシリテーションの役割のイメージは、第2部でイノベーションマネジメント・プロフェッショナルに求められる「思考のあり方」として詳しく説明する。たとえば、「機会を特定」するにはどうすればよいか。複雑なプロセスがあるわけではなく、「思考のあり方」が問題となっていることが多い。このような「思考のあり方」のレベルで、結果的にアウトプットが変わってくる。「脅威」と「機会」は、思考による「とらえ方」の問題であるからだ（【コラム⑪】参照）。自分ではなかなか気づくことができないので、このような場面でファシリテートする意義は大きい。

　イノベーションの創出には、イノベーション活動のプロセスは根幹となるもので、このファシリテーターの役割もまた非常に重要である。したがって、組織内外で適切な人材を見つけることが鍵となる。このような人材は、イノベーション活動のプロセス毎に必要となるかもしれない。

2.1.3
イノベーション・プロジェクトのマーケティング

　ドラッカーが早くから指摘したように、マーケティングもまた、マネジメントの主要な機能である。持続的な成長のためには、イノベーションと両輪といってもよい。いいアイデアだから、いいプロダクトだからという自己満足では、広く社会にその価値を届けることはできない。イ

ノベーション・プロジェクトのマネジメントにも、マーケティングを機能させるための役割は必要である。組織によっては、マーケティング部門があり、「うちはうまく連携していますよ」というかもしれない。もちろん、ここでは役割について論じているので、その人物がマーケティング部門に属していても構わない。すでに内外にネットワークがあり、業務にも精通しているので適任だろう。だが、「連携している」程度では足りない。ここまで、あまり触れないでいたことがある。イノベーション・プロジェクトに限らず、プロジェクトもそうだが、計画どおり、プロセスどおりには進んでくれない。そのような事態に直面した時、大切なことは何だろうか。共感のあるビジョン、互いの信頼やリスペクト、各自がもつ情熱など、いろいろある。これらは「時間」の共有によって生まれ育まれる。理屈で言っているのではなく、「時薬」というしゃれた言葉があるように、良くも悪くも「時間」は私たちが思っている以上に作用する。そして、時間にしか醸成することができないものがある。だから、イノベーションマネジメント・プロフェッショナルとしてのマーケティングの役割も、たとえば、プロジェクトの立ち上げや、あるいはその前から一緒に参画することが求められる。何も物理的に同じ空間で過ごす必要はない。空間を超えたバーチャルなイノベーション・プロジェクトもありえる。

　だが、コミットメントは最初から必要だ。コミットメントというと洗練されたイメージがあるが、実は「質より量」が大事だ。これを「量より質」だというような場合は怪しい。コミットメントの質をどうやって測るというのだろうか。コミットメントの質は、次節で説明する「責任」に関わる問題で、これは計測するようなものではないだろう。プロジェクトの最初からのコミットメントがあることが、イノベーション・プロジェクトのマーケティング機能を強くする。

　イノベーションを顧客や社会への価値の提供とするなら、ビジネスとして成立させることは、アイデアを形にすることと同様に重要だ。イノ

ベーションの創出は、顧客や社会に認められて初めて成功といえる。

　このマーケティングの役割を担う適材をアサインするには、マーケティング部門のあり方を含めた検討が必要な場合もある。これは、イノベーションマネジメント・システム全体の課題として、トップマネジメントを含めて検討すべきである。イノベーションマネジメント・システムに個別最適の解はない。

2.2
イノベーションマネジメント・プロフェッショナルの責任

　前節で、イノベーションマネジメント・プロフェッショナルの役割について説明したが、役割には責任が伴う。筆者の、この責任についての考え方もドラッカーに負うところが大きい。ドラッカー不朽の名著『マネジメント』のサブタイトルは、「課題・責任・実践(Tasks, Responsibilities, Practices)」である。ちなみに、『【エッセンシャル版】マネジメント』の邦題のサブタイトルは「基本と原則」となっている。筆者は、エッセンシャル版と改められる以前の『抄訳 マネジメント』も所有しているが、この時はまだ「課題・責任・実践」であった。これを邪推すると、「責任」という言葉は重く、出版社が想定する読者にも受けが悪いと思われたのではないかということだ。それはともかく、「基本と原則」というサブタイトルは秀逸だ。これは「責任」がマネジメントの基本であり、原則であることを意味している。

「責任」という言葉を聞くと、なんとなく面倒くさいものと感じるのはわかるし、この「責任」の話題をたびたびもち出す筆者は、面倒くさい人間と思われているのもわかる。けれども、イノベーションマネジメント・プロフェッショナルの人材像を語るときに、もつべきプロフェッシ

ョナル責任について触れないわけにはいかない。なぜならそれが、筆者のプロフェッショナル責任であるからだ。筆者の考えるプロフェッショナル責任は、次の5つである。

① インテグリティ（Integrity）を確立する
② 社会と未来への貢献意識をもつ
③ 自分の思考や感性（論理と知覚）を大切にし、自分を信じる
④ 他者へのリスペクトを前提とし、共感できる
⑤ 自分の成長を常に意識し、相手の成長を促進する

　もちろん、これらは押しつけるものではない。そもそも、この「責任」は「レスポンシビリティ」で、「レスポンス（response）」と「アビリティー（ability）」という2つの言葉からなり、「自分の反応を選択する能力」という意味をもつ。主体性や自律性がその特徴である。だから、読者は自分の言葉で自分の責任についての原則をつくってほしい。マイ・ルールと呼んでもよい。そのための参考になれば幸いである。
　それでは、イノベーションマネジメント・プロフェッショナルの責任について考える。

2.2.1
インテグリティ（Integrity）を確立する

　イノベーション・プロジェクトは、構想段階から価値の提供段階まで、文字どおりの紆余曲折の連続であるが、このとき大事なことは、その人の「言動の一貫性」や「意思決定の公平さ」だ。この「一貫性」や「公平さ」という価値の基になるものを、仮に「インテグリティ（Integrity）」と呼ぶ（【コラム⑤】参照）。ドラッカーは、マネジメントをする立場の人物が、唯一備えていなければならないものとした。『マネジメント』のサ

ブタイトルである「課題・責任・実践(Tasks, Responsibilities, Practices)」は、単語だけが並んでいて、唐突な感じもする。実は、筆者もその真意をつかみきれなかったが、この後に"based on Integrity"をつけてみると、やはりこれこそドラッカーが『マネジメント』で言いたかったテーマであると確信するようになった。

　イノベーションマネジメント・プロフェッショナルは、言動や、意思決定に際して、自分の「インテグリティ」について問いかける必要がある。

　あからさまな態度を示せと言っているわけではない。何かの物事にひたむきに誠実に取り組んでいると、周りの人が自然に感じることになるものだ。頭で理解するものではないので、説明すればするほど筆者は矛盾を感じることになる。ただ、腹落ちさせるための助言としては、これをもっていると思う人物を想定することだろう。その人物に共感することで、「インテグリティ」の本質に近づける。一流の経営者がメンターをもっていることも同様の理由ではないだろうか。あなたは、誰を想定するだろう。

2.2.2
社会と未来への貢献意識をもつ

　イノベーションが、顧客や社会の価値を提供するものであることはこまで述べてきたとおりである。自分の属する組織や、その未来だけにフォーカスするのではなく、社会や社会全体の未来に対してコミットすることが求められる。これは、思考の次元の話でもある。

「いかなる問題も、それをつくり出した時と同じ意識レベルで解決することはできない」というアインシュタインの言葉は真理だと考える。これは、当初のアイデアで、課題の解決を考えるときに、自分の置かれている目の前の立場にとらわれていてはいけないということ、意識(思考)

のレベルを上げることで、これまで解決できないことを、解決できるということだ。そのようなレベルでの価値を創ることが求められている。国連サミットで採択されたSDGs（持続可能な開発目標）は、自分には関係ないと思うのではなく、SDGsの17の目標（【コラム④】参照）が示す世界に自分を重ねることだ。文学者で教育家でもあったバーナード・ショーの言葉がある。もう一度、イノベーション・プロジェクトの提供する価値の意味を考えてみたい。

「我々は過去への思い出によってではなく、未来に対する責任によって賢くなるのである」

　"We are made wise not by the recollection of our past, but by the responsibility for our future."

　この前提には、未来思考または未来志向があるが、これについても、第２部のイノベーションマネジメント・プロフェッショナルに求められる「思考のあり方」で説明する。

コラム ④

SDGsの17の目標

　SDGs とは「Sustainable Development Goals（持続可能な開発目標）」の略称で、最後の小さな s（エス）は、複数のまとまった目標であることを示すものだ。これまでは、ばらばらに活動していたことがまとまったことに意義がある。その個数が 17 であることも合わせて憶えておきたい。SDGs は 2015年 9 月の国連サミットで採択され、国連加盟 193カ国が 2016年 から 2030 年の15年間で達成するために掲げた目標である。Goal なので、目標と訳されるが、内容を見ればわかるとおり、「来るべき未来」を描いたビジョンである。

目標　1. あらゆる場所のあらゆる形態の貧困を終わらせる

目標　2. 飢餓を終わらせ、食料安全保障及び栄養改善を実現し、持続可能な農業を促進する

目標　3. あらゆる年齢のすべての人々の健康的な生活を確保し、福祉を促進する

目標　4. すべての人々への包摂的かつ公正な質の高い教育を提供し、生涯学習の機会を促進する

目標　5. ジェンダー平等を達成し、すべての女性及び女児のエンパワーメントを行う

目標　6. すべての人々の水と衛生の利用可能性と持続可能な管理を確保する

目標　7. すべての人々に安価かつ信頼できる持続可能な近代的エネルギーへのアクセスを確保する

目標　8. 包摂的かつ持続可能な経済成長及びすべての人々の完全かつ生産的な雇用と働きがいのある人間らしい雇用（ディーセント・ワーク）を促進する

目標　9. 強靱（レジリエント）なインフラ構築、包摂的かつ持続可能な産業化の促進及びイノベーションの推進を図る

目標 10. 各国内及び各国間の不平等を是正する

目標 11. 包摂的で安全かつ強靱（レジリエント）で持続可能な都市及び人間居住を実現する

目標 12. 持続可能な生産消費形態を確保する

目標 13. 気候変動及びその影響を軽減するための緊急対策を講じる

目標 14. 持続可能な開発のために海洋・海洋資源を保全し、持続可能な形で利用する

目標 15. 陸域生態系の保護、回復、持続可能な利用の推進、持
　　　　続可能な森林の経営、砂漠化への対処、ならびに土地
　　　　の劣化の阻止・回復及び生物多様性の損失を阻止する
目標 16. 持続可能な開発のための平和で包摂的な社会を促進し、
　　　　すべての人々に司法へのアクセスを提供し、あらゆる
　　　　レベルにおいて効果的で責任ある包摂的な制度を構築
　　　　する
目標 17. 持続可能な開発のための実施手段を強化し、グローバ
　　　　ル・パートナーシップを活性化する

（「持続可能な開発のための 2030 アジェンダ」外務省　仮訳より）

　ビジョンだからこそ、誰もがその方向性に共感できるのだ。だ
が、共感しているだけでは何も変わらない。そこで、それぞれの
目標について、複数の「ターゲット」という細目化された内容が
設定されている。各ターゲットの詳細については、関連したウェ
ブサイトや書籍で多数取り上げられているので、参照されたい。
「ターゲット」のレベルになると、具体的な取り組み目標をイメ
ージできる。本書でも「イノベーション目標」として、SDGsの
視点で設定するように勧めている。企業規模の大小を問わず、イ
ノベーション活動を実感できる有効なアプローチとなる。この具
体的な例については、第5章「5.3 イノベーション目標とSDGs」
で説明しているので参考にしてほしい。

2.2.3
自分の思考や感性（論理と知覚）を大切にし、自分を信じる

イノベーションには、「挫折」がつきものだ。何事も順調にいくことはまずない。イノベーション・プロセスは、非線形(non-linear sequence)で、反復型(iterative)であるとIS56002でも記載されているように、失敗や繰り返しを前提にしている。なんらかの「型」はあっても、意思決定の決め手となるのは自分の思考と感性である。論理と知覚のバランスと言ってもよい。論理と知覚を磨くことが必要だ。前節で挙げた社会や未来へのコミットとは異なり、これは自分にコミットすることだ。さまざまな立場のマネージャーやリーダーを見てきたが、多くは自分を信じることができず、意思決定を何かに頼りがちだ。逆に、成功するマネージャーやリーダーは、例外なく「自分を信じる」ことができる。これは思うに「挫折」を経験し克服してきたからである。克服するアプローチはさまざまかもしれないが、共通していることもある。イノベーション・プロジェクトを成功に導くには、このタフさと柔軟さをもつことである。

2.2.4
他者へのリスペクトを前提とし、共感できる

イノベーションの創出は、属人的なものではない。そこには、チームとしての協力がある。ラグビー・ワールドカップの日本代表チームの活躍で、そのスローガンである「ONE TEAM」が知られるところとなった。これは、シンプルには、「人が集まって集団で目標に向かっていくとき、全員の力を統合して、一つになってやり遂げる」といった意味で用いられる。さらに、代表チームのメンバーの構成を見てもわかるとおり、「出身地や文化、年齢などさまざま背景が違っても一致団結し、その違いを乗り越えて一つになること」という意味も加わる。もちろん、スローガンのわかりやすさに反して、なかなか実際には困難なことだ。日本代表

チームにリーチ・マイケルというまとめ役がいたように、キーパーソンが必要だ。このキーパーソンの特徴は、他者へのリスペクトを前提とし、共感できることだ。共感することが「責任」ではなく、己の「プロフェッショナル責任」が共感を呼び起こす。自分と同様に相手をプロフェッショナルとして尊重することから、協調関係が生まれ、行動が変わる。この協調関係が、とてつもなく大きなパフォーマンスを発揮する。

これは、イノベーション・プロジェクトのチームにもあてはまる原則である。キーワードは「統合」と「多様性」だ。さまざまな才能を「統合」すること、「多様性」を認めることがプロジェクト成功の鍵となる。「多様性」について、英語に素敵な表現がある。"Embrace diversity."（エンブレイス ダイバーシティ）である。embraceというのは「抱く、抱きしめる」という意味である。「多様性を抱け」というイメージが暖かく、とても意味深い。たった2語でその本質が表現できてしまう。

イノベーションマネジメント・プロフェッショナルが、イノベーション・プロジェクトチームのキーパーソンになるのだ。

2.2.5
自分の成長を常に意識し、相手の成長を促進する

プロフェッショナル責任は、掲げるだけのものではなく果たすものだ。果たすためには、自分自身を見つめ、客観的に分析する。リーダーに最も求められるのは自己認識で、これが自分の成長を促す行動につながる。イノベーションマネジメント・プロフェッショナルは、マネージャーでありリーダーである。この2つはよく対比されることが多いが、リーダーシップなるものをビジネスとして喧伝（けんでん）するための誤謬（ごびゅう）である。別々の人物が必要だというわけではない。リーダーシップは、学ぶことはできない。それはあらゆる階層のマネージャーが果たすべき役割である。トップのリーダーだけの専売特許でもない。したがって、階層によってリ

ーダーシップとフォロワーシップが同一人物の中にも共存する。このことからも、リーダーシップは役割であることがわかる。組織形態がフラット化する中で、「私がリーダーだ」というステレオタイプでなく、フォロワーに成長機会として、時にリーダーシップの役割を担ってもらうようなことをするのが、マネジメント・プロフェッショナルの責任である。イノベーション・プロジェクトは長期化することもあり、変化も激しい。リーダーやフォロワーという立場にこだわるのではなく、役割として柔軟に考えることが求められる。イノベーション・プロジェクトの中で互いに成長することが、チームのパフォーマンスを高め、成功につながる。

コラム ⑤

マネジメントと管理（コントロール）

「イノベーションマネジメント」のことを「イノベーション管理」と呼ぶ人はあまりいないと思う。だが、プロジェクトマネジメントをプロジェクト管理、リスクマネジメントをリスク管理と呼ぶ風潮は未だに存在する。ISO9000sの認知度が上がり、品質マネジメントと品質管理(QC)は、次元が異なる仕組みであるということを例に出すと、納得する傾向がある。

　イノベーションマネジメント・システムを導入する際に、最初に「マネジメントと管理（コントロール）は同じこと」という誤解は解いておかなければならない。筆者の著作をお読みになった方には繰り返しになるが、大切なことなのでご勘弁願いたい。

　マネジメントの役割が「正しいことをする(Do right things)」ことで、管理(英語ではコントロール)の役割は「ことを正しくする(Do things right)」のことである。それぞれの役割に目的上の違いがある。

　まず、「管理」とは、本書においては「コントロール」に相当する。これまで行ってきたことが何らかの基準に照らして合っているかどうか確認することであり、「ことを正しくする」という意思決定だ。基準とするものには、予算やスケジュール・マイルストーンや品質基準といったもので、基準との差異があれば、基準に戻すように働きかける「判断」をする。「判断」には基準と

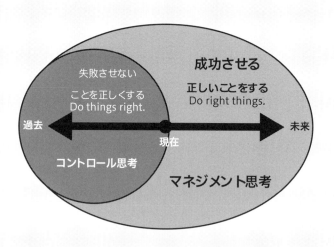

いう正解があり、「結果」という「過去」を分析するフィードバック思考である。マネジメントの仕組みの中で、実績を適切にモニタリングして、次のアクションに活かすためにそれも必要だが、これだけに捉われると「失敗させない」という感情バイアスとなり、意思決定の質が下がる。ちなみに、成果を上げる人や成功者は、このことを直観的に知っているので、「管理」を嫌う傾向があるのだろう。

「マネジメント」は成し遂げるべきことを成功させるための思考体系である。これは、成果を生み出す責任を果たすことであり、「正しいことをする」というのが意思決定の基にある。これは道徳的に「正しいか」という正義か悪かという話ではない。もちろん、道徳的な正義も前提の一つだが、それは、"白熱教室"でやっているので、ここでは論じない。「正しいことをする」のは、自分たちが守るべき原理・原則、指針、方針、ビジョン、戦略などに照らして、自律的に「決断」することである。「何が正しいことか」

という正解はなく、ただ、「未来」に向けて「正しいことである」の可能性があるだけだ。当然、未来のことはわからない。だから、「決断」に正解はない。フィードフォワードの思考である。前出の図で示すように、コントロールとは反対のベクトルでことに注目してほしい。この区別をしていないと、自分の意思決定が無意識にも一貫性のないものとなる。たとえるなら、母親が学校で決められた宿題は必ずやりなさいと言い、父親が答え合わせをするだけの宿題はやらなくてよいと言う。両方を聞いた子どもは混乱し、萎縮し行動にも一貫性がなくなる。この親と子の関係のように、親の言葉に相当するのが(私たちの)顕在意識で、子は(私たちの)無意識に当たる。先にも述べたが、私たちは、顕在意識で正しくマネジメントとコントロールの区別について理解していないと、意思決定が無意識にも一貫性がなくなり質が下がる。これはやがて言動に現れることになる。

　このことから「正しいことをする」質の高い意思決定をする者に欠かせないものがある。これが、イノベーションマネジメント・プロフェッショナルの責任として最初に掲げた「インテグリティ(Integrity)」と呼ぶものだ。

第2部

イノベーション　マネジメント・　プロフェッショナル

思考のアプローチ

第3章

イノベーション・
プロジェクトの立ち上げ

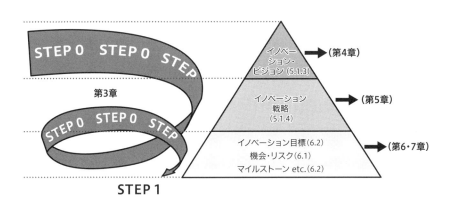

3.1
まず、STEP 0よりはじめよ

3.1.1
STEP 0とは何か

　シリコンバレーでは、朝食会でアイデアが出ると、その日の夕方にプ

ロジェクトがはじまることがあるという。事実を確認したわけではない
が、このスピード感をなるほどと思わせるものがシリコンバレーにはあ
る。新規事業についてのアプローチであるリーン・スタートアップを「と
にかくやってみる」ことだとする誤解も多い。これらは、早くはじめる
ことで競争優位に立てるという思惑からくるものだ。

　標準的なプロジェクトマネジメントによると、図表3-1のようにプロ
ジェクト憲章が発行または承認されて、プロジェクトがスタートする。
事実上の国際標準であるPMBOK® ガイドでは、プロジェクト憲章の作
成は、立ち上げのプロセス群の最初にあるが、理屈としてはこの作成は
プロジェクトの公式な開始前に行う。この文書の中でプロジェクトの責
任者(プロジェクトマネジャー)を任命するので、プロジェクト発足を承認

◆図表3-1　標準的なプロジェクトマネジメントによるプロジェクトの開始

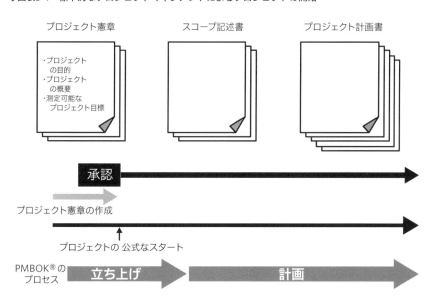

する権限をもった人(プロジェクトオーナーまたはプロジェクト・スポンサー)が発行するか、作成された文書を承認する。その内容として、プロジェクトの目的だけではなく、測定可能なプロジェクト目標を記載するので、実際には、任命されることになるプロジェクトの責任者(プロジェクトマネジャー)が作成して、承認をもらうということになるだろう。プロジェクトをスタートさせるためには相応の時間と労力を要する。

　そうすると冒頭の話に戻るが、やはりシリコンバレーではプロジェクト憲章を作成していないのかという素朴な疑問や、あるいは、それに代わるプロセスやアプローチがあるのかという衝撃を感じるかもしれない。さらには、もう標準的なプロジェクトマネジメントでは役に立たないということかという、落胆する心配性のPMP®もいるかもしれない。だが、少なくともこの話は、「うちは、シリコンバレーと同様にプロジェクト憲章なんてつくっていませんよ」と、自信をもってもらうために引き合いに出したのではない。シリコンバレーのプロジェクトがすべて成功しているという話は聞かない。むしろ失敗のほうが圧倒的に多いというのが事実だ。

　イノベーション・プロジェクトの立ち上げをどのように考えるかというとき、まずそのベースとして、標準的なプロジェクトマネジメントを理解しておく必要がある。何事にも「型」は大切で、型を破るにしても、まず型を知らなければならない。

　実際には、プロジェクトの立ち上げにはグレーゾーンがある。業界や組織の慣行があり、プロジェクトを実施する担当のあずかり知らない所で案件化されていることはよくあることだ。プロジェクトははじまっているが、明確な開始がわからないまま、とにかく関係者で集まって、これがキックオフだという場合もある。先にシリコンバレーの皮肉な例を挙げたが、国内ではプロジェクト憲章を作成しているプロジェクトのほうが稀だ。とにかく、立ち上げはカオス(混とんとした状況)で、何かに追われるようにしてプロジェクトがはじまってしまう。

　このようなプロジェクト開始時点の不明瞭さが、第2章で説明した「イノベーション・プロジェクト憲章」の背景にある。このような状況で、すなわち、いまのままのプロジェクトマネジメントの成熟度で、イノベーション・プロジェクトをうまく立ち上げることはできないだろう。イノベーション事案であれば「とにかくはじめてみる」ことが許されるわけではあるまい。第2章で示した「イノベーション・プロジェクト憲章」作成の流れで行うには、実際のマネジメント手続きと、プロジェクトマネジメントのプロセスとの整合性をとる必要がある。当たり前のことだが、多くのプロジェクトではこれができていない。

　プロジェクトを通常STEP 1からはじめるとした場合に、このSTEP 1よりも先行して何かを行う場合があり、このあたりがグレーなのだ。であるなら、先行してやるべきことを決めて別に行えばよい。たとえば、図表3-2のように明確にSTEP 1に先行したプロセスを規定する。「イノベーション・プロジェクト憲章」が承認されて、キックオフ以降をSTEP 1とすると、その前をSTEP 0として、このSTEP 0からはじめることにするのだ。

◆図表3-2　STEP 0とSTEP 1の時間的な関係

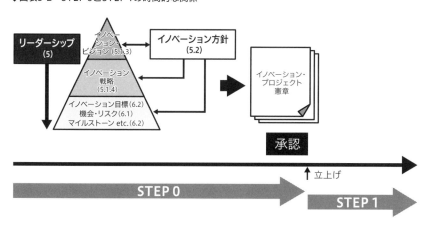

3.1.2
STEP 0での思考のアプローチ

　前節では、主に時間的な流れとして、STEP 0とSTEP 1の関係を示した。と言うよりは、流れを明確にするため強引にSTEP 0を定義した。イノベーション事案をはじめる「型」として提示したわけだが、本書は、このようなプロセスの「型」の部分だけを説明するものではない。このプロセスを進めるにあたって、イノベーションマネジメント・プロフェッショナルの思考について考える。

　STEP 0とSTEP 1とでは、異なる思考、思考のレベルとアプローチが要求される。まず、この認識がないと、STEP 0をうまく進めることができない。規格やガイドラインにしたがってアウトプットができたとしても、それは形骸化したものでしかなく役に立たない。

　STEP 0は、イノベーション・プロジェクトの存在意義としてのビジョンや戦略の策定という構想のレベルとして機能するものだ。スパイラル的にこれらの構想を落とし込んでいくようなイメージである。この構想のレベルでは、組織で定めたイノベーションマネジメントの方針に則り、経済価値よりも社会価値を重視することもある。

　図表3-3で、「ビジョン→戦略→目標(その他計画)」からなるピラミッド(三角形)に注目してほしい。3層からなり、それぞれ思考の抽象度(レベル)が異なる。抽象度の違いとは、思考の抽象度合いの高低のことで、たとえば、抽象度の高い戦略が、計画を規定するという構図となる。戦略なくして戦術(計画)を活用することはできない。ビジョンは、戦略よりも、さらに抽象度が高い性質のもので、言わば戦略の拠り所となるものである。

　「ビジョン」や「戦略」といろいろ出てきて混乱するかもしれないが、要するに、それぞれの作成には必要な思考レベルとアプローチがあるということを確認しておきたい。まず、上位のものが下位のものを規定するので、上位のものを策定することはより高い思考のレベルが必要だ。

◆図表3-3　STEP 0での思考のアプローチ

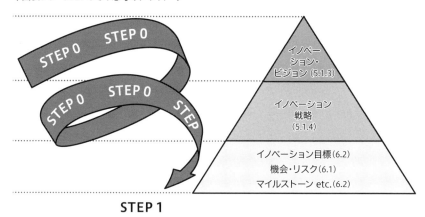

プロジェクト憲章をつくろうとしたときに、プロジェクトの目的や妥当性を書くところで苦労した経験はないだろうか。これらは、参照可能な情報がインプットとしてあるのなら転記すればよいが、ない場合には、思考のレベルを上げて考えなければならない。そのままの思考のレベルで考えると、無理やり辻褄を合わせることになってしまう。思考のレベルを上げることがない理由はさまざまだが、多くのプロジェクトは（もうやることはわかっているので）、「いかにやるか」という思考(のレベル)に重心があり、「何のために、誰のためにやるか」ということ(思考のレベル)を真剣に考えることがないからだろう。

　また、「ビジョン」と「戦略」では、思考のアプローチも違う。簡潔に言うと、「ビジョン」は知覚的な思考が重要で情熱も必要、「戦略」は論理的な思考が重要でクールさが必要だ。「ビジョン」と「戦略」は、それぞれ単独では意味をなさず、相互補完的なもので、知覚と論理のバランスが重要である。「ビジョン」のない「戦略」は誰もやろうとはしないし、「戦略」のない「ビジョン」では皆がやりたくても誰もできない。

　これを踏まえて、「イノベーション・プロジェクト憲章」の場合を見てみよう。次頁の図表3-4のように、標準的なプロジェクト憲章と比較

すると、「イノベーション・ビジョン」は、プロジェクト憲章には相当するものがない。「イノベーション戦略」は、プロジェクト憲章全体が「プロジェクト戦略」に相当するとして、それよりもレベルが高い。「イノベーション目標」以下がISO56002では「計画」と呼ばれるが、プロジェクト憲章では「戦略」に相当するレベルである。「イノベーション目標」も「プロジェクト目標」も、いずれも測定可能なレベルで記述するので同じレベルと考えてよい。

このように「イノベーション・プロジェクト憲章」の作成には、標準的なプロジェクト憲章を作成するよりも、さらに高い思考レベルが必要である。そして、プロジェクト戦略に相当する内容を統合することで、プロジェクト遂行までを含めて、より効果(パフォーマンス)が期待される文書となる。

逆に統合していないと、ISO56002では、プロジェクト計画レベルに相当する記載がない(上記のように、ISO56002の「計画」は、実質的には戦略レベルである)ので、うまく計画に落とし込めないという事態になる。

◆図表3-4　プロジェクト憲章と「イノベーション・プロジェクト憲章」

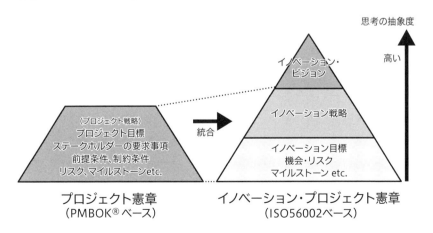

コラム ⑥
STEP 0の0(ゼロ)について

　本文で述べたとおり、STEP 0の名称は、キックオフ以降を STEP 1とすると、その前のステップであることからSTEP 0とし たものだ。この「0(ゼロ)」は、「無」(何もない)を意味しない。 よくイノベーションは、「0から1を生み出すこと」と言われる ことがある。これはロマンチックな表現で人を惹きつける。確か に、いままで無かったものを孤高の天才が「創造性」によって創 り出したことへの意義を、「0から1を生み出した」と称賛する ことはある。だが、イノベーションは、一人の手によって生み出 されるものではなく、さまざまな人が協働して、その価値を創る ことができる。アイデアも0から生まれるのではなく、それと意 識していなくても、先人のレガシーを受け継いでいる。逆に、先 人たちの残した何かを意識して活用することで、孤高の天才に頼 らずともイノベーションを創出することができる。もちろん、こ れは安直なアイデアのコピーや盗用を認めるわけではない。その ようなものは、絶対的な価値を生むことはない。先行するものよ り価格を安く提供するなど相対的な価値は、イノベーションの価 値ではない。イノベーションに価値があるのは、それが他とは違 う唯一無二のものだからだ。このような絶対的な価値をもつイノ ベーションを生み出すための仕組みが、イノベーションマネジメ ント・システムであり、その活動をイノベーション・プロジェク

トと定義した。

　考えてみれば、「0」は不思議だ。何もないことを表すようでいて、考えれば考えるほど、この前提は曖昧になる。「0」は発明ではなく、発見されたと考えれば「ないもの」をどうやって発見できるのだろうか。デジタル化がリアルとバーチャルの境界を消滅させるような世界で、「0」がないとこの世の中はもはや成立しない。実は、STEP 0に込めたのは、この「0」そのものがもつ意味である。何もないところからはじめるのではなく、また、ともかく1からはじめるということでもない。もともとSTEP 0がなくては、イノベーション・プロジェクトは成り立たないという意味を込めている。STEP 0は誰かの発明ではない。発見するものだ。

第4章

イノベーション・
ビジョンをつくる

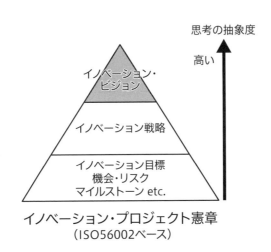

思考の抽象度

高い

イノベーション・
ビジョン

イノベーション戦略

イノベーション目標
機会・リスク
マイルストーン etc.

イノベーション・プロジェクト憲章
（ISO56002ベース）

4.1
時間軸を反転させる

　イノベーションに限らず、何かの事業を構想するとき、ビジョンが大事だということはよく言われるところだ。では、ビジョンとは何かというとき、さまざまな解釈があり混乱することがある。辞書を引いても、「見

通し、展望、構想」の他に「空想、幻」という別の意味が書かれていて、空想（ファンタジー）をつくるのかと余計にわからなくなる。企業や組織としても、ビジョンのほかにミッションやバリューを掲げるが、それぞれ解釈は微妙に異なる。そこで、まず、本書で前提とするビジョンという用語の概念について説明する。

　ビジョンとは、最もシンプルに表現すると「あるべき将来像」のことで、単なる将来、未来の見通しではなく、そこに意志があるものだ。ドラッカーは、これを「来るべき未来」と表現し、この「来るべき未来」を発生させるべく行動することが重要であると説いた。ビジョンとは、単に言葉の表現ではなく、そこに到達するための行動なのである。単に言葉の表現と書いたが、これは言葉の重要性を否定しているのではない。言葉による共感は、ビジョンの鍵を握る大切なことである。誰も共感しないビジョンは無意味なものだ。この言葉と行動の同一性は、言行一致ということもあるが、より本質的には「知行合一」という。「知（この場合は言葉）と行（行動）は、もともと一つのもので行動がなければ知っていること（言葉）にはならない」という意味だ。

　ビジョンが「来るべき未来」をつくる行動であり、意志が必要なことはドラッカーの次の言葉に表現されているので、吟味してほしい。

「未来は明日つくるものではない。今日つくるものである。今日の仕事との関係のもとに行う意思決定と行動によって、今日つくるものである。逆に、明日をつくるために行うことが、直接、今日に影響を及ぼす」（『創造する経営者』）

「来るべき未来」は、強い意志をもって「未来」に形と方向性を与えるもので、これを「ビジョン（visions）」と呼ぶ。逆にビジョンを考える前提となる「未来（future）」は、自分の思惑が入り込まないものであることに注意されたい。一般には、しばしばfutureとvisionが混同されていることが多いが、これは、日本語で「未来」といったときに、「来るべき未来」という意味を込めていたり、「ビジョン」を単なる将来像とい

うニュアンスで使ったりするところからきている。繰り返すが、ビジョンには強い意志、情熱が必要だ。

　本題に入ろう。これら「ビジョン」や「未来」には、思考のあり方が関わってくる。漫然としていては、ビジョンを構想することはできない。「ビジョン」の構想にはステップがある。いったん「ビジョンを構想すること」から離れることが鍵だ。まず、「未来を見通す」のではなく「未来から見通す」のだ。これは、時間軸を反転させて考えることである。

　私たちは通常、「未来」について考えるときに、過去の経験や知識を基にして「過去」から「現在」の延長線上の未来を想定する。そこには、個人的な思惑が入り込みやすく、知識の制約もあり、本来の「未来」と結びつかない。そうではなく、本来の「未来」を洞察するためには、見識を深め、思考のレベルを上げる。その結果、「未来」から「現在」という方向性で物事が見えてくる（図表4-1）。

◆図表4-1　STEP 0の「未来（Future）」の視点

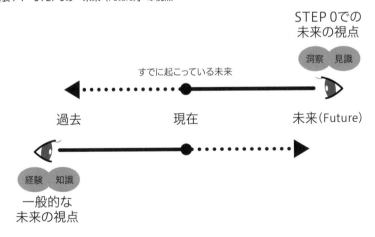

4.2
「すでに起こっている未来」を見つける

　ドラッカーは、時間軸を反転させることを「重要なことは『すでに起こっている未来』を識別することである」("The important thing is to identify the "future that has already happened".") と示唆した。これは、ドラッカー自身が体得した見識である。英文で恐縮だが、その本意を理解するため、"future that has already happened"に注目してほしい。「未来」を表すfutureに現在完了形が使われているため、時制的に違和感がある表現で、それゆえに惹かれた。英文法で"現在完了"というが、これは"present perfect"のことで、本来は「過去の出来事を目の前の現実に変換する」ものである。

　実は、何かが完了しているとは限らない。ドラッカーは、これを「未来」を表すfutureに使うことで、「未来に起こることを目の前の現実に変換する」というニュアンスを伝えたかったに違いない。そこには、「未来から見ている」連続した時間の流れがあり、いま、目の前でまさに起こっている物事を「未来の一端として」見出すことの重要性を指摘している。ゆえに「すでに起こっている未来」で、未来として続いていくものなのである。現在において完了はしていない。なお、ドラッカーの翻訳書では「すでに起こった未来」という現在完了形の典型的な訳になっているが、その時点で完了しているニュアンスを感じるので、あえて変更させていただいた。

　このような視点をもつことは、思考実験で「タイムマシンに乗って未来に行き、現在を振り返る」のと同じようなことだろう。思考のレベルを高めていくと、時間を超えて俯瞰でき、その未来のイメージと現在のつながりを見ることができる。

　新しい製品やサービスを検討するとしよう。往々にして、製品やサービスの「機能」に着眼しがちだ。いまある製品やサービスの機能から、

どのように進化するのか予測する。この予測は「過去」から「現在」、そして「未来」へ、という方向で考えているレベルだ。「未来」をこのように過去の視点から考えると、その過程で考える人の勝手な思惑、経験に基づく思い込みや意図が入る。「こんな機能があればいいだろう」と、良かれと思った機能を盛り込んだのにさっぱり売れない製品やサービスができてしまうのはこのためだ。過去や現在の延長線上で「連想ゲーム」をしているだけで、「本質をとらえる」という思考のレベルを上げることがない。本質がつかめず、「未来」を見誤る。思考のレベルが変わらないと、人は誰しも、「見たいものは見える」が「見たくないものは見えない」ということになりがちである。思考のレベルを上げることで、個人の思惑を捨て、場合によっては自分個人が望んでいない「未来」をも見えるようにならなければならない。

　商用インターネットの利用がはじまったとき、既存企業の経営層の多くはネット利用が活況を呈す未来を見ることができなかった。「見たくないものは見えない」ということの証左である。インターネットに可能性を見出して成功したスタートアップ企業の経営者は、インターネットの及ぼす影響の本質をとらえ（これは顕在的ではなく知覚的なものかもしれない）、個人の思惑を超えて「社会」の思惑（社会価値）として未来が見えた。そこで、「来るべき未来」を実現する行動に出た。もちろん個人の思惑や意図が全くなかったわけではないだろうが、個人の思惑を超えた思考があった。「未来から見通す」ときの「未来」のイメージは未来における社会的な価値であり、それは個人の思惑というレベルでは見えないことを強調したい。

　自分の思考のあり方を見直し、思考のレベルを意識する。製品やサービスのもつ「価値」という抽象度で考え、それがどのような「価値」を未来で提供しているのかを思考する。このとき、自分の勝手な思惑ではなく、顧客や社会の思惑（顧客価値や社会価値）として「未来」を考える。この「未来」が見えると、現在起こっているある事柄が、思考した「未

来」の端緒となっていることに気づくことができる。これが「すでに起こっている未来」である。

「すでに起こっている未来」は、次の3つの変化に注目する。

　　①すでに起こっている、あとに戻ることのできない変化、
　　②しかも重大な影響力をもつことになる変化でありながら、
　　③まだ一般には認識されていない変化

　ここでは「変化をとらえる」という思考態度が鍵となる。「変化をとらえる」ことで「未来」から「現在」のつながりを確認する。

「変化」というものは時間が作用した結果生じるものと考えられている。時計の針が動くように、時間の経過を「変化」によって見出しているとも言える。この「変化」は、当然のように「過去」から「現在」へ時間の中で起こることと認識する。これは、私たちが経験上、知っていることだ。種から芽が出て茎が伸びていき、やがて花が咲き、実になり、種が落ちるというようなことである。私たちが、現実に見ることができるのは、「芽が出た」とか「花が咲いた」というその時点時点での現象だが、これら一連の「現象の変化」を「植物の生育事象の変化」という「情報」ととらえることにする。これには、思考の抽象度を上げることが必要である。このとき思考として自由になり、「現在」から「未来」という流れではなく、逆の「未来」から「現在」との間に起こる「事象の変化」として考えることもできる。それは種子が成長する様子をビデオで撮っておいて逆送りで見るようなイメージである。花が実を結んで種が落ちるという「未来」から見ると、「蝶が花に止まっている」という「すでに起こっている未来」が見つかるはずだ(図表4-2)。

　ここでは、時間軸の見かたを逆転させるイメージを説明するために、身近な自然の現象を例にしたが、社会的な現象の場合に、それを「何らかの事象の変化」という「情報」のレベルでとらえることは、その事象

◆図表4-2　情報としての「すでに起こっている未来」のとらえ方のイメージ

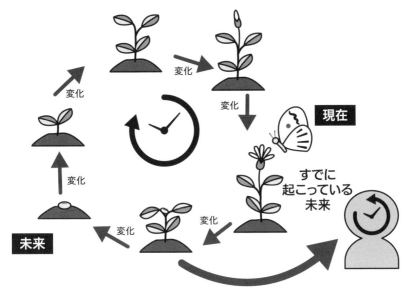

の本質をとらえることにほかならない。だから、思考の抽象度を上げる必要があるのだ。単に一時点での現象や出来事を時系列で考えるのではなく、事象の全体像を観るように思考するレベルにならなければ、「すでに起こっている未来」を見つけることはできない。

　そして、「すでに起こっている未来」から「来るべき未来」、すなわち「ビジョン」をつくる。

　一例を挙げれば、ブリヂストンの創業経営者である石橋正二郎氏は、地下足袋から自動車タイヤの製造という新規事業を立ち上げた。国産自動車の生産（トヨタ自動車工業は1937年創業、前身の豊田自動織機自動車部は1933年開設）がはじまるよりも前に、周囲の反対を押し切って、1930年にはブリヂストン社（創業は1931年）の前身である日本足袋タイヤ部で自動車用タイヤをつくっている。

　「すでに起こった未来」は、1925年に「モーターファン」という自動車

◆図表4-3 「すでに起こっている未来」の一例

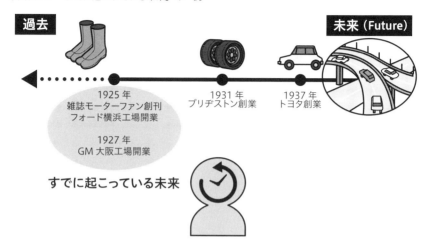

専門誌が創刊されたこと。同年に、アメリカのフォード・モーターが横浜に工場を設立し、続けて1927年にはゼネラル・モーターズが大阪に工場を設立したことである。

　石橋氏には「自動車専門誌が発売された」というのは、その時点での単なる目新しい出来事ではなく、世界や日本の社会・経済の事象の変化をとらえて、「国産自動車や国産タイヤが生産されている未来」から見て、未来の一部であり「すでに起こっている未来」であった。

　そこで、到来する自動車社会が一般庶民にもたらす価値を実現する「ビジョン」をつくった。石橋氏は次のような言葉を残している。「私は一家、一会社の問題ではなく、全く国家のため大いに働く考えで、将来ますます社会に奉仕せんとする理想を有する者であります。私の事業観は、単に営利を主眼とする事業は必ず永続性なく滅亡するものであるが、社会、国家を益する事業は永遠に繁栄すべきことを確信するのであります」。ここには、綺麗ごとではない情熱、いや、ワクワク感を感じないだろうか。ビジョンが沸き起こってきたように思える。

コラム ⑦

「すでに起こっている未来」とバックキャスティング

4.1節の「時間軸を反転させる」というアプローチについて、「それはバックキャスティングのことですね」と知人に言われて驚いたことがある。当時の筆者は、バックキャスティングという言葉を知らなかったからだ。本文(4.2節)で説明したように、筆者はドラッカーの「すでに起こっている未来」という言葉の重要性から、時間軸を反転させて「未来」の視点で観ることの思考の必要性に気づいた。誰かが同じような考え方に至ったとしても不思議はない。ドラッカーは〇〇思考という言葉をつけることは一切なかったが、わかりやすい表現としてバックキャスティング思考と言えなくもない。なんとも曖昧な表現だが、それは筆者がバックキャスティングの意図するところを知らないために肯定することも否定することもできないのだ。巷で喧伝されているバックキャスティングとの相違について筆者の感じていることを説明する。

ドラッカーの指摘の本質は「思考のあり方」にある。「やり方」ではない。インターネットでバックキャスティングを検索すると、さまざまなコンテンツに遭遇するが、その多くは「やり方」の紹介であり、バックキャスティングで「どうやって」成功したかという事例の紹介である。

その「やり方」について、多くは「未来から逆算する」ものと説明する。現在の延長線上ではなく、未来から逆算して考えると

いうのだが、これを「バックキャスティング」と呼び、イメージ
として表すと、以下の図のように「望ましい未来」から「現在」
に至る。

「逆算」の意味を「答えから逆に計算して正誤を確かめる」と一
般的な解釈とすると、この図のように、「バックキャスティング」
も従来の「フォアキャスティング」も基準は同じ「現在」になる
のだ。自分たちのいる「現在」に戻ってくるので、「逆算」をす
るような考え方になるのだと思うが、果たして「望ましい未来」
から「逆算」して偶然にも「現在」に戻ることができるのだろう
か。

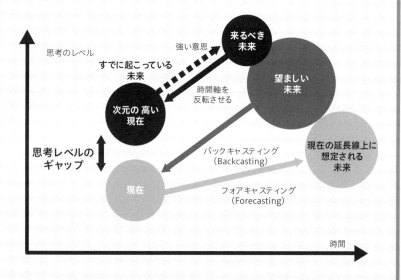

一方、「時間軸を反転させる」という思考では、その基準は「す
でに起こっている未来」である。これは、時間軸上では現在だが、
誰もが認識できるものではない。思考のレベルを上げることが必

82

要であり、現在自分たちが置かれている状況は全く考慮しない。逆に、自分たちの置かれている状況に何らか縛られているような思考では「すでに起こっている未来」は見ることができない。個人的な思惑が入らない「未来」と、達成に意志が必要な「ビジョン」を区別することや、過去の経験や知識ではなく、洞察という高度な思考レベルが要求されるものであることを認識して、「思考のあり方」そのものを変えなければならない。「逆算する」という「やり方」を変えるだけではないのだ。

　いままでと違う「やり方」だと頭でわかっていても、なかなか実際に思うようにはいかないのは、バックキャスティングを表層的にとらえ、「やり方」だけを変えようとしているからだ。フォアキャスティングではなくバックキャスティングで考えることが重要であるとの認識だけでは、思考停止していることに等しい。その本質は、「思考のあり方」を変えることにある。

4.3
「変化をとらえる」ことが9割

　第1章で説明したように、イノベーションの本質は変化に注目し、顧客にとっての新しい価値と満足を創ることである。前節で説明したように「すでに起こっている未来」を見出すことは、イノベーションに不可欠なプロセスであり、「変化をとらえる」という思考態度がイノベーションの機会を考える鍵を握る。

「すでに起こった未来」を体系的に見出すことについて、さらに詳しく考えよう。具体的に、次に挙げる7つのイノベーションの機会について、チェックしていく。ただし、繰り返しになるが、前提として「変化をとらえる」思考態度(=マネジメント思考)を身につける必要がある。イノベーションの機会はドラッカーが示しているものをベースにする。ドラッカーの本質的な指摘はときを経ても色あせることなく、その洞察の鋭さには感嘆するばかりである。だが、当時とは事業を取り巻く社会環境や情勢が違う。特に、技術的基盤や背景はダイナミックに進化している。顕著な例は7番目に挙げている「新しい知識の活用」についてであり、イノベーションの取り組み方自体が変容している。リスクが伴うのは確かだが、それゆえに挑戦する意義がある。

　さらに、ブルーオーシャン戦略の前提とする競争のない新たな市場創造のコンセプトに基づいた機会創出のアプローチも取り入れた(【コラム⑨】参照)。

　周到な準備と優れたマネジメントが必要になる本質はドラッカーが示した当時と変わらないが、スピードが求められ、従来の事業戦略のプロセスは見直す必要がある。STEP 0は、この点を踏まえた取り組みとしている。それでは、イノベーションの機会を順に説明する。

①想定しないもの(Unexpected)

「想定外」という言葉が揶揄されたことがあったが、事業をしていると、自分たちが想定していないような状況に遭遇することがある。日常的には、自分たちが提供している製品やサービスに対して、全く見当違いと思われるような「こんなことはできないか」「こんな製品はないか」というような要望が上がってくることがあるだろう。要望と書いたが、実際には、苦情である場合も多い。あるいは、そのような要望や苦情を言ってくるのが、自分たちがセグメンテーションした顧客ではない全く場違いと思われるような誰かの言動である場合もある。このような事があったとき、それを通常の業務プロセスにしたがって無視するのではなく、「すでに起こっている未来」である可能性を探れということだ。

同じように「思いもよらない成功」がある。ある事業が計画よりも売上が伸びた場合などである。計画が達成できなかった場合は、問題視され、対策が取られることが多いが、逆の場合は、問題視されることはなく、対策も取られない。その事業は我が社が今後取り組むべき事業ではないという理由で否定されたり、無視されたりすることすらある。これも、一切のこだわりを捨て、「すでに起こっている未来」として、その計画外の売上を「来るべき未来」として仕組み化するようなことを考えるのだ。

「思わぬ失敗」もある。これは「思いもよらない成功」と違い、当然問題として処理される。原因が分析され、対策を打つ。だが、その視点は原因という「過去」に向いていて、未来の「機会」とされることは少ない。失敗という「現在」の結果を、「すでに起こっている未来」の可能性として、「過去」ではなく「未来」から考えるのだ。この失敗は、自分の事業だけではなく、他の事業、他の業界などと拡げていけば、多くの「すでに起こっている未来」、すなわち、イノベーションの機会が見つかる。

②一致しないもの（Incongruity）

　現実にあるものと、あるべきものとの何らかの乖離や不一致も、「すでに起こっている未来」を示すものであることが多い。このときも、あるべきという「未来」から考えることが重要であり、現実にそうなっている原因（「過去」）に重点を置くのではない。

　たとえば、現在提供されている製品やサービスと、顧客やユーザーの置かれた環境において提供されるべきものとに乖離があることは、「来るべき未来」でその乖離を解消することが顧客やユーザーにとって価値であり、現在の状況は、その「すでに起こっている未来」と解釈することができる。これには、顧客やユーザーがもつ価値観を、提供する側が誤って認識していることもある。乖離や不一致は、この価値観のように定性的なものであることが多く、論理ではなく知覚的に感じ取ることが重要なポイントである。

　同じように、事業の中で変化をとらえることができず、誤った認識をしている場合がある。誤った認識とは、あるべき認識との不一致である。これが需要は伸びているのに業績は伸びていないという業績の乖離につながっていることもある。逆に、あるべき認識にするような体制は、価値をもたらす。

③必要性のあるもの（Necessity）

「必要は発明の母（Necessity is the mother of invention.）」という格言でいうところの必要性は、「すでに起こっている未来」を見出すのに役立つ視点である。必要性というのは、まだそれが実現されていない状態であるので、必要性そのものが「すでに起こっている未来」ではない。だから、「何が求められているのか」「現状で何が欠けているのか」という顕在化した事実を探す。

　たとえば、主婦の発明として有名な「洗濯機の糸くず取り」は、洗濯後に衣類についた糸くずを何とかならないかというニーズから生まれた。

この場合、洗濯後に衣類に糸くずがつくというやっかいな状況が顕在化したことが、「すでに起こっている未来」となる。このように、必要性は何らかのやっかいな状況から「すでに起こっている未来」として見出せる可能性がある。

　必要性は企業や産業の内部に存在しており、主に３つの観点から探ることができる。すなわち、「プロセス上の必要性」「労働力上の必要性」「知識上の必要性」である。

「プロセス上の必要性」は、わかりにくいかもしれないが、「洗濯機の糸くず取り」もこの観点に入る。仕事をしていて面倒を感じながら、そのまま手つかずでいるような業務プロセスは、身近にあるだろう。

　この必要性に気づかないのは、全体を見ずに部分にとらわれていることによる。ブルーオーシャン戦略では、「補完財や補完サービスを見渡す」というアプローチで、この点を指摘している。通常、１つの製品やサービスは、単独では完結しない。その製品やサービスを補完する、別の財やサービスが欠かせない。ここに目を向けることで、顧客にとって価値のあるトータルなソリューションとなる。ここで、欠けているものが必要なのである。

　このような必要性を発見したら、それが５つの前提に合致しているかをチェックする必要がある。

・完結したプロセスについてのものであること
・欠落した部分や欠陥が一箇所だけであること
・目的が明確であること
・目的達成に必要なものが明確であること
・「もっとよい方法があるはず」との認識が浸透していること

　さらに、これらを満たしているならば、次に３つの条件に合致しているかを調べる。

・その必要性は明確に理解されているか

・必要な知識は現在のテクノロジーで手に入れられるか

・得られる解決策は、ユーザーの使い方や価値観と一致しているか

このような体系的なアプローチこそ、イノベーションが仕事であるというドラッカーの主張であり、STEP 0でやるべきことである。

④産業構造の変化(Market Structure)

前節の4.2節で「すでに起こっている未来」は、変化に注目すると説明した。産業や市場の構造の変化に目を向けることで、「すでに起こっている未来」を見出す可能性がある。

産業や市場の構造は決して永続的なものでも、安定的なものではない。その内部にいる者はとかくそのように見がちだが、現実にはとても脆く、場合によっては小さな力で崩壊する。それまでの安定した構造が壊れるということは、その中で地位を築いているものにとっては「脅威」であるが、「すでに起こっている未来」として、その「変化」は「機会」となる。

現状でイメージしやすいのは自動車産業である。すでに自動車メーカーやサプライヤーもこの「変化」を認識しており、さまざまな取り組みをはじめていることは、耳に入っているだろう。ここでキーワードなるセンシング(安心・安全のために感知技術)、コネクテッド(インターネットと常時接続)、オートノマス(AIなどによる自動・自律)、シェアード(所有から共有化)、サステナブル(環境問題の解決と技術発展)などは、他の産業でも「来るべき未来」の価値を考えるうえで重要なテーマである。

⑤人口構成の変化(Demographics)

人口の増減や年齢構成などが変化すると、社会が変わる。高齢化の進行も、社会課題であるともに、「機会」ととらえることができる。まさ

に「すでに起こっている未来」が、そこにある。統計的なデータのみからではなく、人々を観察することによって、本質的な変化に気づくこともある。

⑥意識の変化（Changing perception）

人々の意識は変化するものである。身近なことでもいろいろあるだろう。ネクタイの幅が変わったり、ノーネクタイ・スタイルの普及は、人々の意識が変化したからである。この変化をとらえるには、知覚の働きが重要になる。ファッションの流行がそうであるように、敏感な人もそうでない人もいる。ドラッカーが大切にしたのは、この知覚や感性である。

たとえば、「黒い綿棒」というヒット商品がある。ヒットしたことで、後づけでさまざまな説明がなされるが、消費者が従来の白い綿棒ではなく、「黒い綿棒」を受け容れるという感性を読んだというのは確かだ。清潔志向の高まりや、斬新な発想が「ウケル」という感性、あるいは、黒くすれば耳垢が取れたことがわかりやすいという満足感などというのは、定性的で感覚的なものだが、知覚の鋭い人は「すでに起こっている未来」として見出すことができる。

④の産業構造の変化だけでなく、産業内の意識の変化もある。ブルーオーシャン戦略では、「機能志向と感性志向を切り替える」というアプローチがある。これは、業界や市場には、「機能」を志向する業界と「感性」を志向する業界があるとして、それぞれが志向を転換することで、機会となるというものだ。機能志向から感性志向への転換は、差別化要因となり、顧客に価値が生まれる。感性志向から機能志向への転換は、不要な要素の排除などで低コスト化を図ることができる。

⑦新しい知識の活用（New Knowledge）

技術的な発展、発明、社会的知識などによるイノベーションの視点である。ドラッカーは現実主義者で、新しい知識はイノベーションのシー

ズとして想起されやすいが、膨大な事例の考察から、実はこの「機会」は打率が低いとした。実用化までの時間がかかり、条件がすべて整わないと必ず失敗すると警告している。だから、この「機会」の順番を最後の７番目に置いた。

　だが、現在は、かなり様相が異なり、この７番目の「機会」を積極的に活用する時代となっている。新しい技術が開発されたことそのものが「すでに起こっている未来」であり、それが「来るべき未来」において顧客や社会に大きな価値をもたらすものである限り、取り組むべきである。デジタル化の時代で、開発環境からイグジットまで、あらゆるコストが低減した。３Ｄプリンターによるプロトタイピングなどで、製造業でもコストや期間をかけずに実用化でき、この「機会」に挑戦することができるようになった。この「機会」にはリスクが伴うのは確かだが、それゆえに挑戦する意義がある。周到な準備と優れたマネジメントが必要になる本質は変わらないが、スピードが求められ、従来の戦略のプロセスは見直す必要がある。STEP 0は、この点を踏まえた取り組みである。

コラム ⑧

「ウィズコロナ」「アフターコロナ」と イノベーションの機会

　新型コロナウイルスの出現・流行は、人類にとって不可避の脅威であるが、この状況においてイノベーションマネジメント・プロフェッショナルは、これを「イノベーションの機会」と考える選択肢を取る。この機会をうまくとらえ、飛躍のチャンスとすることができる。

　ここでは、現にもたらされた「変化」を、本文4.3節（「変化をとらえる」ことが9割）で挙げた7つのイノベーションの機会として確認したい。主に3つの機会が重なって起こっているととらえることができる。その3つとは、「一致しないもの(Incongruity)」「必要性のあるもの(Necessity)」「意識の変化(Changing perception)」である。

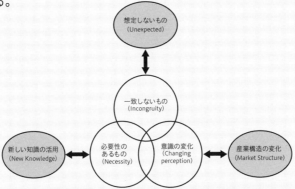

同節で説明したポイントを、あらためて順に確認してみよう。

1．一致しないもの(Incongruity)

　ニューノーマルという新しい生活様式は、これまで常態化していたものとの乖離や不一致を具現化するものである。「ニュー」というのは、あるべきという「未来」から考える視点であり、これまでそうなっていた原因(「過去」)に重点を置くものではない。

　たとえば、現在提供されている製品やサービスに感染症対策がとられることがない場合には、顧客やユーザーにとっての価値と乖離や不一致となり受け入れられない。逆に、さらに一歩進んだ「未来」における顧客やユーザーがもつ価値観を先んじてとらえることにより、優位性を確保することができる。このような乖離や不一致は、定性的なものであることが多く、論理ではなく知覚的に感じ取ることが重要なポイントである。

　また、ニューノーマルへの移行の過渡期においては、本文4.3節で挙げられている1番目のイノベーションの機会である「想定しないもの(Unexpected)」に十分に配慮することも大切である。本文で強調したことだが、上がってくる要望あるいは苦情を見当違いと勝手な判断をすることなく、「すでに起こっている未来」である可能性を探ることを確認したい。

2．必要性のあるもの(Necessity)

　新型コロナウイルスの出現・流行によって顕在化したやっかいな状況は「すでに起こっている未来」である。
「何が求められているのか」「現状で何が欠けているのか」という顕在化した事実を探しやすい状況だ。これらの必要性は企業や

産業の内部に存在しており、主に3つの観点から探ることができる。すなわち、「プロセス上の必要性」「労働力上の必要性」「知識上の必要性」である。

「プロセス上の必要性」は、これまでも面倒を感じながら、そのまま手つかずでいるような業務プロセスも、この機に表に出すこともできるだろう。ただし、本文でも述べたように、全体をとらえることが望まれる。やみくもに必要性のみを追求することで、プロセスが非効率になっては本末転倒である。

「労働力上の必要性」もテレワークなどの働き方が浸透する中で、安易な他の追従ではなく、各企業の目指す目標に適応するべく本質を追求することで、この機会を活用できる。

「知識上の必要性」は、これも本文4.3節で挙げられている7番目のイノベーションの機会である「新しい知識の活用(New Knowledge)」と関係する。未知のリスクである新型コロナウイルスによって、従来は打率の低かった新たな知識によるイノベーションが一気に現実味が増していることに注目すべきだ。従来の新しい知識分野へのアプローチの見直しも含めて戦略的に方針を立てることが求められる。

3. 意識の変化(Changing perception)

　人々の意識は変化するものであるが、新型コロナウイルスの出現・流行で、まさに劇的な変化を経験していることを誰もが感じている。何かを変革しようとするとき、大きな障壁となるのは現状維持を望むために人々の意識の変化がついてこないことだが、ニューノーマルへの移行という意識の高まりは、大きなチャンスである。しかし、そこに大きな可能性があるからといって錦の御

旗であるかのごとく強引に進めてよいわけではない。人々の意識は繊細で移ろいやすいものだ。この意識の変化は因果律という理屈だけで考えず、本文で観てきたように未来からの視点に立ち、知覚的にとらえることが成否を分ける。このような緻密で繊細なアプローチが、身近な組織という単位のみならず、産業界や経済体制といった社会全体に関わる構造的な変革につなげることを可能にする。

　このようなイノベーションの機会をとらえる態度が、イノベーションマネジメント・プロフェッショナルの本分として、時代が求めているものだ。

コラム ⑨

ブルーオーシャン戦略と競争優位

　ブルーオーシャンという言葉は受け入れられた感がある。競合相手のいない未開拓市場で、ここに船を漕ぎだすための方法論を紹介したビジネス書によれば、これを「ブルーオーシャン戦略(blue ocean strategy)」という。ブルーオーシャンには、無限の土地(市場)があるので、そもそも戦争(競争)がない。ブルーオーシャン戦略が出色なのは、従来の企業戦略論が、兵法に遡る「戦争という限られた土地をめぐる敵との攻防に有利することを目的としている」というそもそもの論拠を突いたことだ。ちなみに、戦略(strategy)という言葉自体が、このような戦争(競争)を前提とした用語であるので、ブルーオーシャン戦略という言葉にも自己矛盾があることになるが、同書の筆者であるキムとモボルニュも承知の上のもので意図的に使っていると解釈する。ブルーオーシャン戦略では、「戦略キャンバス」などの分析ツールの有効性が強調されるが、これは従来の戦略論の「5フォース分析」などの分析ツールに対比してのもので、その本質は分析ツールにあるのではなく、戦略策定以前の思考のアプローチにある。これを「思考のあり方」と言ってもよいだろう。ブルーオーシャン戦略を実際のものとするためには、新たな価値を創り出す思考基盤が必要なのだ。同じ海を眺めていても、誰の眼にも青く見えるのではない。赤色にしか見えない人はいる。それらの人はレッドオーシャンで

よいと思っている。あるいは、レッドオーシャンで競争すること
に戦略の意義があると洗脳されているかのようだ。レッドオーシ
ャンというのは、「業界」や「産業」という範囲の中での競争が
前提で、従来の戦略論は、この視点のレベルにある。自動車産業
はわかりやすい例だが、もはや「自動車業界」という視点で戦略
を考えることはあり得ない。「モビリティ社会」というレベルで
戦略を考えなければならないわけだが、このような視点のレベル
を上げる思考が必要だ。

　ブルーオーシャン戦略に対する批判に、この戦略が後づけであ
る、というものがある。同書の中で例示された成功事例は、ブル
ーオーシャン戦略を採用して成功したわけではなく、結果として
ブルーオーシャン戦略のモデルになっただけだというものである。
これはキムとモボルニュも認めている点であるが、逆に、この戦
略が価値を創り出すという思考基盤に依存するものであることを
証明しているようなものだ。分析ツールが後づけなのだが、それ
はそういうものだろう。「戦わずして勝つ」という競争を前提と
しない思考基盤へパラダイムシフトをすることが、この戦略の本
質である。そして、これはイノベーションが顧客価値や社会価値
を創出するというものであることから、親和性の高い戦略といえ
る。したがって、分析ツールも活用できるし、活用すべきだろう。
本書の第5章でも具体的な活用例を示しているので、参考にして
ほしい。

4.4
イノベーション・ビジョンの策定アプローチ
──「ビジョン」と「ビジョン・シナリオ」

　イノベーションの機会をチェックすることで「すでに起こっている未来」を見出すことができれば、次にやるべきは、「来るべき未来」を創り出すように自らが能動的(プロアクティブ)に行動することだ。ドラッカーの金言のとおり、「未来」は予測するものではなく、自らが創り出すものだ。そのためには皆が共感でき、巻き込んでいくビジョンを創らなければならない。4.1節で述べたように、ビジョンとは、単に美辞麗句を並べた文字表現ではない。「来るべき未来」に到達するための行動の源泉であり、「未来」に形と方向性を与える。この方向性は、形而上のものではなく、現実の行動を示すものなので、「現在」から「来るべき未来」を正しく指し示すものだ(図表4-4)。

◆図表4-4　「未来 (Future)」と「ビジョン (Visions)」

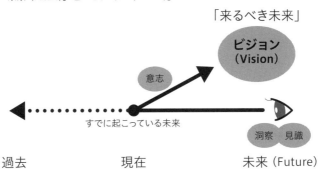

　ここで素朴な疑問が生じる。ビジョンは料理や日曜大工のように材料をそろえればつくり出せるものなのかということである。これまでイノベーションは体系的な仕事だと言っておきながら、いまさらと思われるかもしれない。だが、本質的には、ビジョンはつくるものではなく、心

に抱く情熱<ruby>（パッション）</ruby>のように、沸き起こってくるものだと思う。情熱という表現が重ければ、ワクワク感と言ってもよい。

「すでに起こっている未来」で例として挙げたブリヂストン創業者の石橋氏の言葉には、綺麗ごとではない情熱<ruby>（パッション）</ruby>がある。このような情熱や熱意、ワクワク感といったものは伝染する。

ビジョンは、人を巻き込み自律的に行動を起こさせるようなものでないと意味がない。ビジョンを言語化するプロセスは「つくる」ということである。これは皆がビジョンを理解し、共有するために必要である。ISO56002においても、文書化することが明確に規定されている。

ここで、よくある誤解や実際の過ちに、ビジョンの言葉をつくることが目的になってしまうということだ。これでは、お題目のような言葉遊びになってしまう。

たとえば、病院で診療サービス改革というイノベーション・プロジェクトを想定する。このように漠然としたテーマが与えられたとして、このイノベーションのビジョンは、つくることができるだろうか。組織のビジョンは、「地域に信頼される病院」というように判を押したような病院の経営理念としてある。これに基づいてつくることを考えればよい。だが、実際には、イノベーション・プロジェクトとしてのビジョンは考えられることはあまりない。結果として、このようなプロジェクトではよくある話だが、患者不在の勝手なサービスメニューが提供されるだけのことが多い。

どうして、こうなるのだろうか。「地域に信頼される病院」では、誰にどんな価値を、どの程度提供するかがわからない。

病院の信頼とは何だろうか。病気になったとき、適切な治療を期待するのはもちろんだが、健康な人にとって病院の価値とは何だろうか。誰でも健康には関心がある。歳をとるとなおさらだ。いままで健康であっても、いつ病院にお世話になるかもしれない。地域に信頼される病院にとって「顧客」とは、いま、何らかの病気や怪我である人だけではなく、

そうでない人も対象であろう。「何となく調子が悪いが、病院にいくほどの症状ではない気がする」「仕事も忙しいし病院に行く時間がない」と放っておいたら気づいたときに後悔するような事態がある。逆に、病院に行く必要もない程度の風邪になるたびに病院に通うことで、病院のサービスが相対的に低下してしまう事態もある。これらは、「病気」ではなく「未病」という"健康ともいえないが、病気ともいえない"状態、"病気に向かいつつある"状態に対応できていないのだ。

　ここで、「未病」に対応できる病院というビジョンが浮かんでくる。先に挙げた、調子が悪いが病院に行かない人、風邪程度で病院に行く人などが「すでに起こっている未来」であり、イノベーションの機会としてとらえることができる。

　さらに、ビジョンとして、「地域の『未病』の人が躊躇なく診断サービスを受けて、『健康』状態に戻り、安心して日常を過ごすための支援をする場を提供する」などの構想がでてくる。従来「病院とは病気の人が行く場所である」という前提を改め、病気でない人も気軽に行ける場所にするのだ。「未病」の対策には、今後、従来の医療機関ではない業界からの参入も予想される。テクノロジーの進化で、「病院」という場所が必要なく、身体状況・生体データを取得することも技術的に可能となるからである。既存組織である「病院」は、イノベーション・ビジョンをもたないと、旧態依然とした患者だけに振り回され、経営が立ち行かなくなるだろう。

　ちなみに、「未病」という言葉が初めて使われたのは約2000年前、中国・後漢時代の『黄帝内経（こうていだいけい）』に「未病の時期に治すのが聖人（名医のこと）」といった記述がある。ビジョンとして掲げる「未病」対策のサービスを、なぜ、やる必要があるのかということの本質的な理由や背景を踏まえたシナリオを加える。

　たとえば、「『未病』の時期に治すという医療サービスの本質の追求が、地域のすべての人の信頼につながり、病院の新しい事業収入源となり、

経営体質の強化となる。さらにまた、社会課題である膨張する医療費の問題の解決にも寄与する」というようにすると、共感が得やすくなる。これを、ビジョン・シナリオと呼ぶ。これをさらに、「イノベーション戦略」(第5章)に展開していく。

　イノベーション・ビジョンは、このようにビジョン・シナリオとセットでつくろう。

コラム ⑩

ビジョンの話をしよう

　ビジョンを共有するためにお話(ストーリー)をつくってもよい。「ストーリーテリング」という手法が紹介されるようになってきたが、手法ではなく、そもそも人間の根源的なものだろう。人の思考は物語を理解するようになっている。お話は、最低限の言葉で絵本のような形式でもよい。「ストーリーボード」という、いわゆる「絵コンテ」も効果が認められる。

　掌小説のようなショートストーリー形式やCMのようなショートムービーにするのもある。いまは小学生でも、レゴ®とアプリで簡単にムービーをつくっている。ほかにも自分たちに合ったアプローチが何かあるはずだ。一人でつくるのではなく、皆でフィードバックし合いながらつくる。皆が同じ方向性で進めるようなものを「つくる」ことである。

　このようなプロセスがあると、ビジョンが危惧すべきお題目のような言葉遊びにはならないだろう。プロジェクトのメンバーが共感して「何をするべきか」ということを自律的に考える拠り所となるのではないだろうか。メンバーだけではなく、ステークホルダーへの理解や協力を求める際にも役に立つだろう。

　あまりにリアルなストーリーになると、逆に既成事実や先入観となって制約が生じるのではないかという怖れはあるかもしれないが、それは杞憂である。逆に、わかりやすいからこそ、「それ

は違うよね」というようなフィードバックを得て、より洗練され
ていく。それよりも、ストーリーやシナリオをつくることにはト
レーニングが必要という前提はある。それはシナリオをつくるテ
クニックというよりも、対象の本質を見極めるというような思考
のトレーニングである。身近には、質の高い「絵本」からこのア
プローチを学んでもよい。これを面倒だと思うのは、本末転倒だ。
もちろん、手段が目的化するようなことがあってはならない。結
果的に、先に例として本文で示した一文に落ち着いても構わない。
そこに至るプロセスが重要だ。

第5章

イノベーション戦略を
つくる

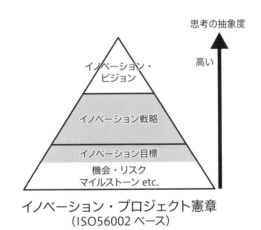

イノベーション・プロジェクト憲章
（ISO56002 ベース）

5.1
プロジェクトの価値を明確にする
──「イノベーション戦略」と「イノベーション目標」

　第3章で、「ビジョン」と「戦略」の思考のアプローチの違いについて説明した。とても重要なことなので、もう一度確認しておきたい。「ビ

ジョン」は知覚的な思考が重要で情熱も必要、「戦略」は論理的な思考が重要でクールさが必要だということ。「ビジョン」と「戦略」は、それぞれ単独では意味をなさず、相互補完的なもので、知覚と論理のバランスが重要であるということだ。「ビジョン」のない「戦略」は誰もやろうとはしないし、「戦略」のない「ビジョン」では皆がやりたくても誰もできない。このことを念頭において、イノベーション戦略をつくることを考えよう。

イノベーション戦略をつくるためには、イノベーション・ビジョンの「価値」を、客観的に見直すことからはじめる。すでに第4章でつくったビジョンには、イノベーションの「価値」は織り込まれている。このビジョンの「価値」の表現はまだまだ抽象度が高い。共感が得やすいという反面、このままでは誰もが自律的に行動を起こせるものではないだろう。先に示した病院のビジョンの例では「躊躇なくとはどのような状態？」「診断サービスって何のこと？」「日常を過ごすための支援って何？」という疑問だ。

さらに「価値」の表現を掘り下げて、それぞれが正しく具体的な行動に移すレベルにすることが求められる。これが後に出てくる「イノベーション目標」である。

したがって、「イノベーション目標」は一つではなく、多面的にとらえる必要がある。多面的だが、バラバラなものではなく、相互に関係しており、全体として整合性がある。「イノベーション目標」が関わりあってビジョンを実現するというイメージである。これが「イノベーション戦略」である。

5.2
イノベーション戦略と
イノベーション目標の策定アプローチ
── 5 W 2 H、OptSw、イノベーション・
　　 プロジェクト戦略マップ

「イノベーション戦略」をつくる流れを具体的に見ていこう。「イノベーション戦略」もシナリオなので、型は5W 2Hでよい。何よりわかりやすいからだ。短時間でシンプルに説明する、いわゆる「エレベーターピッチ」にも使える。これをベースとして、必要な情報を各種戦略ツールで整理し、補強していく。本書では、各種戦略ツールとして、馴染みがあるSWOTを用いるが、使い方が一般的なものと異なるので、独自に名前をつけた。戦略上、機会(Opportunity)を最も重要視するので、「OptSw（オプトスイッチ）」と呼ぶ。これは、脅威(t) も機会(Op)としてとらえることができるという意味も含んでいる（【コラム⑪】参照）。さらに、ブルーオーシャン戦略で用いる「戦略キャンバス」も使う。これらを使って、第4章でつくったビジョン・シナリオを吟味する。

　そして、ビジョン・シナリオを、「イノベーション・プロジェクト戦略マップ(IPSM: Innovation Project Strategy Map)」を用いてさまざまな視点で、「イノベーション目標」に落とし込んでいく。「イノベーション目標」は、ISO56002では「計画」に属する項目だが、プロジェクトマネジメントでは(計画より上位の)戦略レベルの項目で、計画と分けて考えることにたいした意味はなく、実際に分けて考えることはできない。「イノベーション・プロジェクト戦略マップ」は、記載すべき項目はいろいろあるので、段階的に詳細化していくアプローチがよい(第3部第6章参照)。

　例を基にして、説明する。言わずもがなだが、この例はフィクションであり実際のものではなく、あくまでも作成の流れと記載レベルの参考

にしてもらうために供した。例では、「未病」対策の診断サービスという ものを扱っているが、筆者は医療分野、医療法務などを専門としていない。だが、「すでに起こっている未来」を見極めることについてはプロフェッショナルを自負している。「機会」として挙げた項目には、「すでに起こっている未来」が読み込めるはずだ。何種類ものツールが出てくるが、これらの記載レベルから、作成の際の思考レベルや思考のアプローチを察してほしい。

　まず、5W 2Hは、図表5-1のようにメモ程度のものではじめて構わない。Whyの部分は、ビジョン・シナリオである。What以下の部分は、後で「イノベーション・プロジェクト戦略マップ」で展開・整理するが、要旨を書き出しておく。

図表5-1　イノベーション戦略の「5W 2H」の例

Why(なぜ取り組むのか)：背景やニーズ・ビジョン	「未病」の時期に治すという医療サービスの本質の追求が、地域のすべての人の信頼につながり、病院の新しい事業収入源となり経営体質の強化となる。さらにまた、社会課題である膨張する医療費の問題の解決にも寄与する。	⇒ OptSw、戦略キャンバスでシナリオの補強

イノベーション・プロジェクト戦略マップで多面的に整理・展開

What(何に取り組むのか)：内容定義	「未病」の診断とアドバイスおよび関連サービスの提供	イノベーション目標・ターゲット
Who(誰が取り組むのか、誰が責任者か、誰が承認するのか)：体制・役割	病院の人員(医療従事者、事務職)と外部の技術系企業の人員、責任者〇〇、承認〇〇、△△、□□	イノベーション目標・ターゲット・CSFs
When(いつ始めるのか、いつが重要な時点か、いつまで続けるのか)：マイルストーン・スケジュール	〇〇年度下期までにパイロット開始、〇〇年〇月サービス開始	⇒ 前提条件・制約条件
Where(どこで取り組むのか、どこで取り組むのか)：場所	病院を各種「未病」診断サービスのポータルと位置づける。既存の病院施設の他、公共機関、ホテル、百貨店などにサテライト拠点を確保。	イノベーション目標・ターゲット、前提条件・制約条件
How much(いくらかかるのか、どのくらいの効果があるのか)：費用対効果	主な費用：「未病」対策アプリ開発〇〇、人件費〇〇、拠点固定費〇〇、効果：利益〇〇/件 x 〇〇件、副次効果：〇〇	前提条件・制約条件
How to approach(どのように取り組むのか)：活動・アプローチ	「未病」対策サービスで技術を持つ企業と協働体制を構築、「未病」対策のキラーアプリ導入・周知活動	イノベーション目標・CSFs

　次に、SWOT改め、「OptSw(オプトスイッチ)」で、ビジョン・シナリオ(Why)の検証を行う。外部環境(イノベーションの機会と脅威)と内部環境(事業主体の持つ強みと弱み)の情報を整理して、ビジョン・シナリオを検証、再検討する(図表5-2)。

◆図表5-2　イノベーション戦略の「OptSw(オプトスイッチ)」の例

ビジョン：『地域の「未病」の人が躊躇なく診断サービスを受けて、「健康」状態に戻り、安心して日常を過ごすための支援をする場を提供する』					
			Op(機会)	t(脅威)	
ビジョン・シナリオ：「未病」の時期に治すという医療サービスの本質の追求が、地域のすべての人の信頼につながり、病院の新しい事業収入源となり経営体質の強化となる。さらにまた、社会課題である膨張する医療費の問題の解決にも寄与する。			1　一般の人の健康意識の向上が「未病」対策に及ぶ	1　法的な規制	
			2　政府のメタボ対策、生活習慣病対策などの周知徹底	2　追随する「病院」との差別化	
			3　医療費の膨張からから医療費抑制への方針変換の兆候	3　他産業・業界からの孤立	
			4　「未病」の中高齢者の増加、若年層への拡がり		
			5　「オンライン検診」の利用増加、新型コロナによる「オンライン診療」規制緩和		
			6　「未病」対策に利用可能な身体・生体データのモニタリング技術の進化		
			7　モビリティサービスの多様化による医療サービスとの連携可用性の高まり		
			8　企業の健康投資への促進		
S(強み)	1	「病院」という看板の安心	病院として「未病」対策をサービスとして提供する社会的価値がある	t1-S3	「未病」対策をサービスとする際の法的規制は留意すべきだが、医師がいることで強みを活かせる
	2	医療従事者の質が高い	病気でない人を新たな顧客として獲得できる機会である		ポータルとしてのポジションを確立することで、差別化を図る
	3	医師としての診断ができる	病院が「未病」対策のポータルとなることで、様々な収益チャネルが期待できる		他産業・業界と競合するのではなく、協業することで互いの強みを活かせる
	4	医療従事者以外の従業員が多い			
	5	サービス意識教育を徹底している			
	6	マネジメントシステムを導入している			
		イノベーションマネジメントシステムの導入は適応性が高く、組織全体のマネジメントシステムが強化する			
W(弱み)	1	既存の医療サービスの仕事量に増加傾向がある	少ない人員でも、協会社の人的、技術的(AIなど)協力により知識レベルでのサービス向上が図れる		法的規制への対応が取れない場合に、サービスを縮退する運用を検討しておく
	2	医療従事者が少ない			
		人員を補強する			

　さらに、ビジョン・シナリオから戦略の方向性を確認するために「戦略キャンバス」を使う。まず、対象となるサービスの価値指標を横軸に列挙して、縦軸で価値の高低を評価する。従来ある標準的なサービス、最もエクセレントなサービス、そして、検討するサービスの評価をそれぞれプロットする。このプロットをつないだものを価値曲線と呼ぶ。この価値曲線の形状で、価値指標として何を優先する戦略なのかが視覚的にもわかりやすくなる。検討するサービスは、標準とエクセレントと比較して、戦略的に優位になるように考えるというわけである。ブルーオ

ーシャン戦略は、もともと競争のない市場を生み出すアプローチであり、価格競争は考えない。この例でも、「費用」についての指標は、標準サービスに合わせていることに留意してほしい。顧客の立場で考えると、サービスにベネフィットを感じても価値が高くて費用面での負担を感じると、相対的に顧客価値は下がる。これでは顧客価値を提供するイノベーションにはならない。顧客に費用負担させるのではなく、サービスを提供する側がコストを下げる工夫をすることが必要であり、戦略にすべきだ。

◆図表5-3　イノベーション戦略の「戦略キャンバス」の例

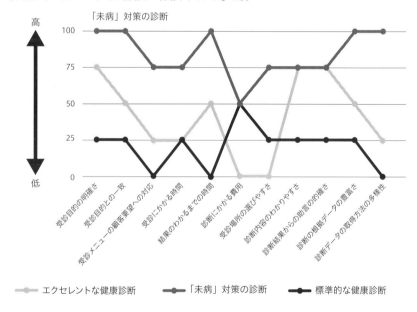

そして、検証したビジョン・シナリオを、「イノベーション・プロジェクト戦略マップ」を用いて、さまざまな視点で「イノベーション目標」に落とし込んでいく。このときの視点はいろいろ考えられるが、基本の「型」は、図表1-2や図表2-1でも使ったフレームワークが適当だ。これ

はプロジェクトの「全体をとらえる」のに適しているからである。

これをベースにして、「イノベーション目標」をポスト・イット®で、どんどん貼りつけていく。「イノベーション目標」の関連を個別に矢印（→）で示すことは難しいし、複雑になるだけだ。このように、関係は「全体をとらえる」ことができればよい。

◆図表5-4　「イノベーション・プロジェクト戦略マップ」の策定イメージ

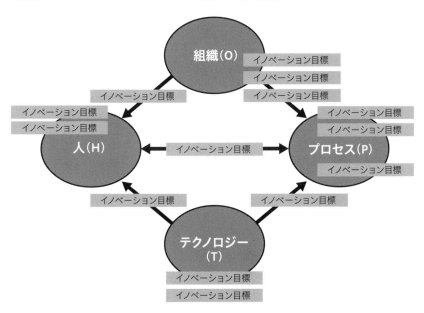

これには「財務の視点」のようなものはないが、これは「組織の視点」に入れるか、独立させて追加する。どのような事案でも共通で、「費用対効果」についての目標が必要となる。社会価値を目的にしていても、だからこそ継続的に続けるためには、「費用対効果」についての戦略が必要である。

ただし、これは経済価値だけを優先するという考え方ではない。ブルーオーシャン戦略で説明されているように、顧客価値（買い手の価値）と経

済価値(低コスト化)を同時に実現すること(バリュー・イノベーション)を検討する。顧客価値を重視した価格戦略のシナリオを考えてもよい。いずれにせよ、イノベーションは、顧客価値や社会価値の創造を重視すべきなので、コスト的な観点を入れる際には十分検討することが必要だ。

また、「イノベーション目標」の視点にSDGsの目標の観点を検討することは、イノベーションの本質に関わる大事なことで、ぜひ検討すべきだ。これは次節5.3で説明する。

◆図表5-5　イノベーション戦略の「イノベーション・プロジェクト戦略マップ」の例

戦略視点	イノベーション目標	CSFs (重要成功要因)	成功基準 (Targets)	前提条件 (Assumptions)	制約条件 (Constraints)	要素成果物 (Deliverables)
組織の視点	「未病」対策サービスで技術を持つ企業との協業体制の構築	相手企業とのビジョンの共有	協業についての契約締結	相手企業とビジョンが共有できる	マイルストーン：○年○月まで	協業についての契約書
	「未病」対策サービスの体制と予算の確保	トップマネジメントのコミットメント	イノベーション・プロジェクト憲章の承認	「未病」対策サービスの体制が整う	マイルストーン：○年△月まで	
人の視点	「未病」対策サービスの人員確保	人事部および関連部署との調整交渉	計画人員の達成率80%以上	人事部と交渉のテーブルにつく	マイルストーン：○年▲月まで	人員体制表
	「未病」対策サービスの人員の教育	トレーニング・プログラムの整備・運用	認定合格率90%以上	実効性のあるトレーニングが開発できる	マイルストーン：○年□月まで	トレーニング教材
プロセスの視点	「未病」対策の診断サービス・フローの確立	想定顧客のサービス利用のモデルケースの実証	パイロット参加者の満足度指標85%以上	パイロットが問題なく実施できる	マイルストーン：○年◆月まで	診断サービスの手引書
		パイロット実施後の検証			コスト：▲▲以下	
		サテライト拠点提供先とのWIN-WIN構築	サービス告知までに10拠点の確保	サテライト拠点提供先が見つかる	マイルストーン：○年■月まで	協業についての契約書
		マーケティング戦略との連携		マーケティング部門と連携できる		
テクノロジーの視点	「未病」対策のキラーアプリケーションを導入	ステークホルダー分析と要求定義	ダウンロード数の月間増加率30%以上	要求定義の信頼性が高い	コスト：○○以下	キラーアプリケーション
		開発プロジェクトのマネジメント		マネジメントプロフェッショナルが確保できる	社内資格○○相当以上	
	身体・生体データのセキュリティ確保	開発初期からのセキュリティ専門家の参画	○○○セキュリティ監査基準クリア	セキュリティ専門家が確保できる	コスト：□□以下	セキュリティ監査報告書

　図表5-5は、表形式でまとめた「イノベーション・プロジェクト戦略マップ」の一部である。最初に、「イノベーション目標(Innovation Objectives)」「重要成功要因(CSFs; Critical Success Factors)」「成功基準(Targets)」の３つを戦略視点ごとに整理する。戦略マップには、このほかに「前提条件(Assumptions)」「制約条件(Constraints)」「要素成果物(Deliverables)」の３つがあるが、これらは、次の段階で整理する(第6章6.3参照)。

　まず、「イノベーション目標(Innovation Objectives)」「重要成功要因(CSFs; Critical Success Factors)」「成功基準(Targets)」の３つの関係をしっかりと把握しておく。「イノベーション目標」は、測定可能である(measurable)ものだが、この「イノベーション目標」の中に測定基準は入れない。これは「成功基準(Targets)」で明確にする。したがって、この２つの項目は相互に補完関係にある。

　たとえば、「売上目標を10億円にする」というのは、「イノベーション目標」にはならない。売上目標は、英語では"Sales Target"であり、本来の「目標(Objectives)」ではない。数字だけが独り歩きするのは愚の骨頂である。「イノベーション目標」を「○○だけで売上を達成する」、「成功基準」を「△までに10億円」としてセットにする。

　「CSFs(重要成功要因)」は、「イノベーション目標」を達成するために重要な事柄であり、一つの「イノベーション目標」に対して、一つとは限らない。

　ただし、たくさんありすぎると何が重要なのかわからなくなるので、ある程度は絞り込む必要がある。「CSFs(重要成功要因)」は、今後、階層的に展開(ブレークダウン)していくことになる(本章5.4参照)。これも思考のアプローチとして認識しておきたい。

5.3
イノベーション目標とSDGs

　イノベーションは、価値を創出する活動であるが、その価値の方向性
は、今後ますます社会価値を目指す方向になる。顧客価値が基本である
ことに変わりはない。顧客価値が株主や従業員の価値を生み出す。その
顧客が社会的な価値を求める方向性の中で、顧客価値と社会価値は同じ
方向性に向かうのは自然な流れだ。

　株主価値、企業価値についてはどうか。企業は、利益追求をするため
に環境などの社会価値を犠牲にする選択も可能である。従来は、企業活
動と社会価値はトレードオフの関係にあると考えられてきた。SDGsよ
りも以前にあったCSR(Corporate Social Responsibility; 企業の社会的責任)は、
株主や投資家に対する責任論から発生したものだが、企業の本業ではな
いところで行うコストと考えられてきた。

　これに対して、企業戦略論で著名なマイケル・ポーターが、企業の本
業を通して社会課題の解決を図ることが、他社との差別化になり、長期
的な競争優位をつくる戦略となると提唱した。これが、CSV(Creating
Shared Value;共有価値の創造)である。ポーターが「社会のニーズや問題に
取り組むことで社会的価値を創造し、その結果、経済的価値が創造され
るべき」と、経済的価値は結果であるとして主張したことには、彼のこ
れまでの戦略論の方向性からは思いもよらなかったので驚いた。これは、
ドラッカーのマネジメント本来の考え方と同じである。CSVが提唱され
たのは2011年のことだが、これは2015年のSDGs採択の「すでに起こっ
ている未来」だったといえるだろう。

　これより以前に、もう一つ、SDGsについて「すでに起こっている未来」
があった。2006年に、コフィー・アナン国連事務総長(当時)が、機関投
資家に向けて「責任投資原則(PRI：Principles for Responsible Investment)」
を提言したことである。この提言は、「投資家は企業への投資をする際に、

その会社の財務情報だけを見るのではなく、環境や社会への責任を果たしているかどうかを重視すべきだ」というもので、ESG投資と呼ばれるようになった。ESGは、企業が、環境(Environment)・社会(Social)・ガバナンス(Governance)を重視する概念のことで、国連での提言を受けて普及した。機関投資家はPRIに署名することによって、投資の意思決定にESGを反映することにコミットしたことになる。日本では、2010年に世界最大級の機関投資家であるGPIF(年金積立金管理運用独立行政法人)がPRIに署名。これを機にこれまでの流れが変わり、いまやESG投資がデファクトスタンダードになっている。このESG投資を考えるうえで、従来の指標では企業価値は測れない。そこで指標としてSDGsが注目されている。

　このような流れを受けて、それぞれの企業は、組織の方向性を「イノベーション方針」に示すことになる。そのガイドラインとしてISO56002では「倫理的、サスティナビリティ（持続可能性）の観点の要求事項を順守すること」と明示している(【コラム③】参照)。「イノベーション目標」は、「イノベーション方針」に基づくが、先の要求事項は、具体的にはSDGsの目標に照らして考えると取り組みやすい(次頁、図表5-6)。

　これまで例として取り上げてきた題材をもとにして考えてみよう。

　SDGsの17の目標のうち、目標3として、「あらゆる年齢のすべての人々の健康的な生活を確保し、福祉を促進する」がある(【コラム④】参照)。実際に取り組むには、さらに169項目示されているターゲットを見ていく。目標3の「ターゲット」には、「3.9　2030年までに、有害化学物質、ならびに大気、水質及び土壌の汚染による死亡及び疾病の件数を大幅に減少させる」がある。このターゲットを「イノベーション目標」にすると、たとえば、「『未病』対策の診断サービスとして『化学物質過敏症』検査メニューがあることの周知」が考えられる。次頁の下、図表5-7に、SDGsの視点の「イノベーション・プロジェクト戦略マップ」の例を示した。

◆図表5-6　イノベーション目標とSDGs

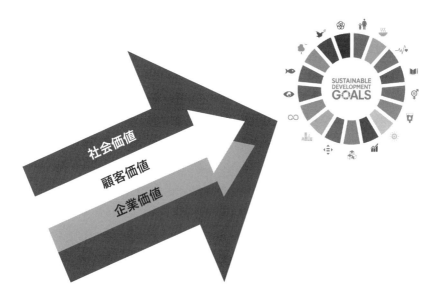

◆図表5-7　SDGs視点の「イノベーション・プロジェクト戦略マップ」の例

戦略視点	イノベーション目標	CSFs (重要成功要因)	成功基準 (Targets)	前提条件 (Assumptions)	制約条件 (Constraints)	要素成果物 (Deliverables)
SDGs の視点	「未病」対策の診断サービスとして「化学物質過敏症」検査メニューがあることの周知	化学物質過敏症の検査体制の整備	パイロット参加者の認知度90%以上			

SDGsは掲げる17の目標、すなわちビジョンを、このような「イノベーション目標」という戦略計画レベルに落とし込むことで、その真価が問われるものだ。積極的に活用したい。

5.4
イノベーション・プロジェクトの目標を階層化する

　5.2節で「イノベーション・プロジェクト戦略マップ」の「イノベーション目標(Innovation Objectives)」「重要成功要因(CSFs; Critical Success Factors)」「成功基準(Targets)」の３つの関係をしっかりと把握しておくことについて述べた。まず、「イノベーション目標」と「成功基準(Targets)」は相互に補完関係にある。そして、「CSFs(重要成功要因)」は、「イノベーション目標」を達成するために、重要な複数の事柄であり階層的に展開(ブレークダウン)していく。

　この説明から、OKR(Objectives and Key Results)を連想した方もいるかもしれない。これは、GoogleやFacebookをはじめとした、シリコンバレーの大企業が積極的に取り入れていることから注目を集めている目標達成のためのアプローチである。革新的な目標設定・管理手法（マネジメント）として注目されるというが、OKRは、「定性的な目標(Objectives)」と、その目標達成のための「定量的な指標(Key Results)」を階層化して共有するアプローチのことで、本書のアプローチと本質は同じである。その理由は、どちらも基になる考え方は、ドラッカーのMBOであるからだ。MBOは、本邦では「目標管理制度」という名前をつけられ、上司が部下の目標を管理するような仕組みとして紹介されているが、ドラッカーの基の考え方は、「目標と自己管理によるマネジメント」("Management by Objectives and Self Control")なのである。本邦のMBOとは真逆の意味で、本書やOKRの目指すところと同じである。

実は、筆者はOKRという言葉を最近まで知らなかった。たまたまOKRのことに触れた記事を読むと、すぐにこれはドラッカーの「自己管理(Self Control)」がついたMBOの考え方と何も違わないとわかった。だが、OKRはMBOとは別物である。MBOよりもOKRだという説明も後を絶たない。そんな疑念が氷解した。「OKRとなる考え方の大枠は、ピーター・ドラッカーが提唱した目標による管理(MBO)システムを、元インテルCEOのアンディ・グローブがインテルに導入する際に生まれた」(クリスティーナ・ウォドキー著『OKR　シリコンバレー式で大胆な目標を達成する方法』日経BP社)とあったのだ。

　本邦で誤って導入されたMBOが、「本来のMBOを実現するOKRとして広まる」ならそれはよい傾向だと思う。だが、プロジェクトマネジメントを本気でやっている身には、ドラッカーの考え方は、すでにプロジェクトマネジメントの1つのアプローチとして受け継がれているので複雑な気持ちだ。さて、感傷はこのくらいにして、本題に入る。

「イノベーション目標」と「CSFs(重要成功要因)」は、上位と下位という階層関係にある。「目的」と「手段」のような関係だ。そして、「CSFs(重要成功要因)」を上位の「目的」(ここでは「目標(Objectives)」)として、下位の「手段」のレベルの項目を考えることもできるだろう。この項目にも「成功基準(Targets)」(OKRでは「定量的な指標(Key Results)」)と、それを「活動」として「誰がやるのか」ということ関連づけていく。

　これは、次頁の図表5-8のような階層構造のイメージだ。CSFの表現は、測定可能な(定性的な)目標として多少は変える必要があるだろう。合わせてそれぞれの「成功基準(Targets)」を定量的な目標として設定する。そして「活動」に落とし込んでいく。「活動」は内容によって、さらに下位レベルの「活動」を関連づける。

　このようにして、メンバーが皆、自分のやるべきことを達成できる具体的な目標をもつことで、「イノベーション目標」は現実に達成される。

　ドラッカーが『マネジメント』の中で描いていた成果達成の世界観「課

題・責任・実践(Tasks, Responsibilities, Practices)」とはこのことである。

◆図表5-8　イノベーション目標の階層化の展開イメージ

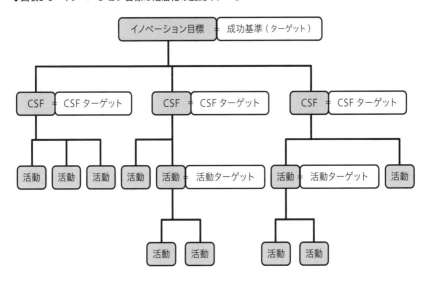

コラム ⑪

「OptSw（オプトスイッチ）」
──SWOT分析の思考アプローチ

SWOT分析は、さまざまな分野で使われているもので、実際に使っている方も多いと思う。使ったことがなくても、「強み（Strength）、弱み（Weakness）、機会（Opportunity）、脅威（Threat）」の4つの視点はわかりやすいために誰もが取り組みやすく、それが逆に、物足りなさを感じる向きもあるようだ。だが、このようなツールはシンプルであればあるほど応用が利くもので適切に使うことができる。

一方で、実際に研修などの場で使ってもらうと、意外にも使いこなせていないことが多い。これには、「強み（Strength）、弱み（Weakness）」が自分たちの組織の内部環境に関する分析であり、「機会（Opportunity）、脅威（Threat）」は組織の外部環境に関する分析であることを理解しておらず、内部要因と外部要因をうまく分類整理できていないなど使い方（How to do）の基礎知識の欠如もあるのだが、もっと根源的な問題がある。

それは、何のためにSWOT分析をするのかという目的意識が希薄なままに、とにかくSWOT分析のアウトプットを作成するという態度が問題なのである。イノベーション戦略を策定するのであれば、「世の中に価値を提供するために、まず、どのような機会を見出すべきか」が出発点で、その価値の源泉としての情報の整理

を行う。これらの情報を用いて複数の戦略シナリオを策定すると
いう思考のアプローチをイメージしなければならない。本文でわ
ざわざSWOTのことを「OptSw(オプトスイッチ)」と呼び方を替
えたのはこの態度に問いかけるためである。

すなわち、正しいアプローチでは「機会、脅威」という外部環境
に関する分析を、「強み、弱み」の内部分析よりも先に考えるこ
とになる。「SW」から「OT」の順序で、内部分析を先にすると、
自分たちの世界からブレークスルーすることが困難である。

さらに「機会」と「脅威」については、同じ事実・事象から、そ
れを「機会」ととらえるか「脅威」ととらえるかは、その意思決
定に無意識(潜在意識)の影響が大きい。ある研修でSWOT分析を
したところ、「機会」よりも「脅威」に多くの要素が列挙された。
筆者がファシリテーションすることで、これらの「脅威」として
挙げられた項目の多くは、「機会」に書き換えられることとなった。
このファシリテーションは、先入観などで「脅威」ととらえてい
る可能性を指摘するもので、具体的な「機会」を明確に示すよう
なものではなく、あくまでも自分たちで「脅威」から「機会」へ
と、そのとらえ方を見直すように仕向けるものだ。このようなこ
とからも無意識の影響が大きいことが窺える。

　その事実・事象を「機会」ととらえるか「脅威」ととらえるか
で、次につながる戦略シナリオが全く違う展開になることは想像
に難くないだろう。これは「脅威」には目を背けろという極論を
いうわけでは勿論ない。論理的で冷静な判断は必要である。繰り
返すが、これらの傾向は、顕在意識での意思決定の前に行われて
いるのだ。前図のような傾向は研修において「数人のグループワ
ークでのアウトプットであったが、このグループの構成メンバー

個別に、本文でも紹介した『MQマネジメント思考指数診断®』を行うと全員に「変化をとらえる」思考態度が相対的に低い傾向があった。そして、この傾向は、企業など同じ組織内では類似の傾向を示すことがわかった。

　本文4.3節で述べたように、「変化をとらえる」という思考態度がイノベーションの機会を考える鍵を握る。ドラッカーは、「イノベーションとは、変化を機会として利用するための手段である。

SWOT分析における「機会」と「脅威」のとらえ方の傾向

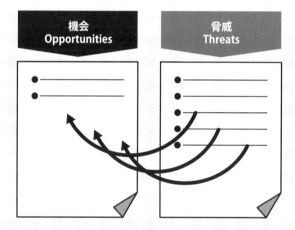

それは誰でも学び、身につけ、実践できる」（『イノベーションと企業家精神』）と指摘した。ここで学び、身につけるのは、ハウツーではない。問われるのは、思考のあり方としての態度^{アティテュード}である。無意識の影響は大きいが、決して「仕方がない」などと諦めるのではなく、これはトレーニングによって、正しい態度にしていくことができる。そして、この態度がイノベーション戦略という一連の意思決定の質を決めるのだ。

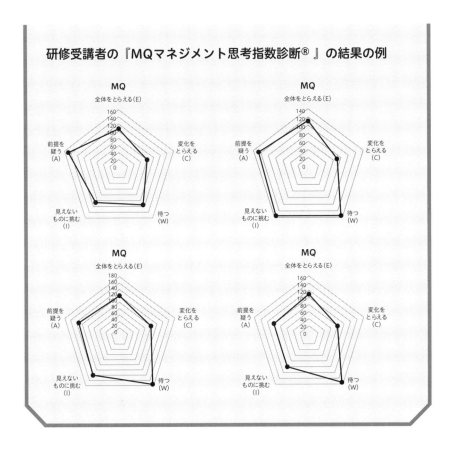

研修受講者の『MQマネジメント思考指数診断®』の結果の例

第3部

イノベーション マネジメント・ プロフェッショナル

統合的アプローチ

第6章

「イノベーション
マネジメント」と
「プロジェクト
マネジメント」の統合

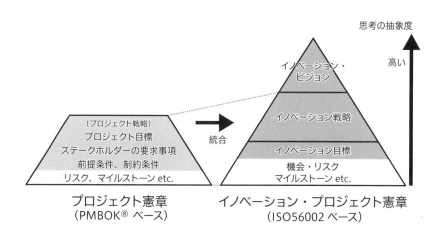

6.1
プロジェクトマネジメントの「統合」とは何か

　第２部(第３章、第４章、第５章)の説明で、STEP　０において「イノベーション・プロジェクト憲章」をつくるイメージはつかめてきただろうか。「イノベーション・ビジョン」から「イノベーション戦略」「イノベーション目標」と展開していく流れ(思考のアプローチ)を、具体的に説明してきたが、重要なことは、思考のレベルを意識して取り組むことだ。

　ここで、あらためてイノベーション戦略の５Ｗ　２Ｈを確認してみると、Why(なぜ取り組むのか)とWhat(何に取り組むのか)については、明確になった。その他は触れられているものもあるという程度だろう。そこで、これから明確にしていくのは、次の以下のようなことである。

- ・Who(誰が取り組むのか、誰が責任者か、誰が承認するのか)：体制・役割
- ・When(いつはじめるのか、いつが重要な時点か、いつまで続けるのか)：マイルストーン・スケジュール
- ・Where(どこを取り組むのか、どこで取り組むのか)：場所
- ・How　much(いくらかかるのか、どのくらいの効果があるのか)：費用対効果
- ・How to approach(どのように取り組むのか)：活動・アプローチ

　プロジェクトの経験があればわかることだが、これらは、イノベーション・プロジェクトに特有のことではなく、プロジェクトマネジメントとして「当たり前に」やるべきことだ。ただ、この「当たり前のことを当たり前にやる」ことが実は難しい。まともな「プロジェクト憲章」がつくれないのだ。PMBOK® のような標準的なプロジェクトマネジメントが認知されるようになって、「プロジェクト憲章」なるものに何を書けばよいのかということは知識としてある。ネットで検索すれば、それ

なりの情報は見つかる。しかし、それらはPMP® の資格を取るには役立つかもしれないという程度のものだ。

「プロジェクト憲章のインプットは何で、アウトプットとしてはこのような項目があります」と、型どおりに覚えていても、どうやってつくるのかという思考が追いついていない。これでは、プロジェクトマネジメントの考え方を、イノベーションマネジメントに「統合」することはできない。それでも、知識があれば何かの足しにはなるだろうと思うのは早計だ。「統合」というのは掛け算だ。足し算ではない。掛け算なので、一方が 0 であると、全体として 0 になってしまう。使えない知識では 0 にしかならない。

　たとえば、PMBOK® の立上げプロセス群には、「プロジェクト憲章の作成」と「ステークホルダー特定」がある。現在の第6版では、「プロジェクト憲章」をインプットとして「ステークホルダー特定」を行う流れが示されている。実は、以前の版には「プロジェクト憲章」の中に記載すべき項目として、以下があった。

　　・顧客やステークホルダーの期待を満足する要求事項
　　・主要ステークホルダーの関与とその影響

　その後、プロジェクトマネジメントにおいて「ステークホルダーのニーズについての計画とマネジメントを行い、意思決定等にステークホルダーを適切に関与させることがプロジェクトを成功に導く重要な要素である」との認識が広まりを見せ、「ステークホルダー特定」のプロセスが定義された。当初はコミュニケーションマネジメントのプロセスであったが、その後、新たに設けられたステークホルダーマネジメントのプロセスとなった。このような変遷には、理由がある(注1)が、私たちが求めるのは、その内容がイノベーション・プロジェクトの実態に合うものなのかどうかということだ。

　結論から言うと、ステークホルダーに関する事項は、新たに定義した「イノベーション・プロジェクト憲章」作成のプロセスで考慮すべきものである。「プロジェクト憲章」をインプットとする「ステークホルダー特定」まで待っていては、イノベーション・プロジェクトの実態には合わない。イノベーション戦略の５Ｗ２ＨのWhoとHow to approachは、これらの要求事項や影響抜きでは考えられないし、How muchの費用対効果の算出もできない。

　また、「プロジェクト憲章」の中で記載すべき項目として挙げられている、

・前提条件
・制約条件

については、ISO56002では直接項目として挙げられてはいない。しかし、前提条件や制約条件を軽く扱うべきではない。プロジェクトとして目標を達成するための必須条件であり、6.3節で説明する。

・リスク
・マイルストーン

　以上の２つについては、「プロジェクト憲章」でもISO56002でも項目として挙がっている。リスクに関しては、STEP ０とSTEP １以降で扱うリスクにレベルの違いがあることを認識する。このことに関して第７章で説明する。マイルストーンは、STEP ０に関しては、制約条件に含めて考える。

　これらのことを踏まえて、「プロジェクト憲章」で挙がっている項目を「イノベーション・プロジェクト憲章」に「統合」する。重要なことはプロジェクトマネジメントの考え方とイノベーションマネジメントの

考え方の「統合」であって、単なるよいところの寄せ集めではない。これを筆者は「総合百貨店では成功しない」と表現する。「統合」の意味するところと「総合」の意味するところは違う。「総合」では戦略にならない。場合によっては、標準的なプロジェクトマネジメントとは異なる前提を認識し、取捨選択をしなければならない。

(注1) ISO 21500(プロジェクトマネジメントの手引き)が「ステークホルダーマネジメント」を定義したことから、PMBOK® ガイド 第5版で整合をとることにした。

6.2
コミュニケーション戦略との統合

　ステークホルダーに相当するISO56000sでの用語は、「利害関係者(interested party)」である。ISO56000には、"person or organization that can affect, be affected by, or perceive itself to be affected by a decision or activity"とある。これは、ステークホルダーの定義と同様で、プロジェクトの意思決定や活動に影響を及ぼすか、または影響が及ぶような人や組織のことである。ISO21500(プロジェクトマネジメントについての手引き)では、ステークホルダー(stakeholder)を" person, group or organization that has interests in, or can affect, be affected by, or perceive itself to be affected by, any aspect of the project"としている。微妙な差異はあるもののほぼ同じことを言っているが、ISO56000sでは、ステークホルダーの語は用いられていない。本書では、利害関係者を表す用語として、プロジェクトマネジメントで一般的に使われるステークホルダーとする。前節で触れたが、ステークホルダーは、「イノベーション・プロジェクト憲章」作成プロセス(STEP 0)で明確にしておく。
　まず、イノベーション戦略の5W 2HのWho(体制・役割)とHow to

approach(活動)、How much(費用対効果)の項目を明確にするための情報として、ステークホルダー分析を行う。それから、コミュニケーション戦略を検討する。これらは、STEP 0に限らず、継続的にしていくものだが、特にこの段階では、イノベーション・プロジェクトの承認に関わるステークホルダーに対するアプローチを綿密に検討する。

　ここで、ステークホルダー分析やステークホルダーに対するアプローチを行うときに大事な考え方がある。ステークホルダーマネジメントは、「ステークホルダー」をマネジメントするものではないということだ。勘違いもはなはだしいが、「ステークホルダー」という意思をもつ者を管理することはできない。できることは、ステークホルダーである彼ら彼女ら(組織も含む)の要求事項を把握することで、それに応えることだけだ。お互いの信頼関係を築くことが目的であり、打算的な戦略ではない。コミュニケーション戦略は、「信頼」に基礎を置くものであり、ステークホルダー分析はその手段に過ぎない。

　このように考えると、以下の項目を考慮することは、「やらなければならないこと」というよりは、「やることが当たり前のこと」だ。私見では、わざわざコミュニケーションマネジメントから分離して新しい領域にしてまでプロセスを定義するものではない。何かPMBOK®の改版のための「やっている感」を出すためのように思えてならない。

　　・顧客やステークホルダーの期待を満足する要求事項
　　・主要ステークホルダーの関与とその影響

　これらの項目の意義は、仮説に基づく事柄を明文化して、コミュケーション戦略を作成し、継続的にチェックすることにある。「他人(ひと)」の期待や要求事項などは、本当のところはわからない。相手が何を期待しているかは、継続的な関係性の中で見えてくるものだ。実際には、わざわざ明文化しなくても、相手の信頼を得て難なくコミュニケーションの目

的を達してしまう人もいる。だが、それは個人の資質に依存するもので、ギャンブルだ。そのような資質は知見としてプロジェクトに貢献してもらいたい。明文化して継続的に確認することで、プロジェクトチーム全体としてのコミュニケーションの質が改善される。これがコミュニケーションマネジメントの本質である。ステークホルダーマネジメントと呼ぶかどうかは本質ではない。ステークホルダーそのものを対象にするのではなく、ステークホルダーとのコミュニケーションの質に注目したアプローチに取り組むことが大事だ。

　このような考え方の本質がわかれば、どのように文書化してもよい。むしろ、書式を自分でつくってみることを勧める。参考までに、本書では、「イノベーション戦略」の補助文書として、「ステークホルダー分析用シート(SAW: Stakeholder Analysis Worksheet)」と「コミュニケーション戦略マップ(CSM: Communication Strategy Map)」を示す。これらは、ISO56002の「7.4コミュニケーション」の内容に対応している。

【SAWのテンプレート例】

	ステークホルダー	ステークホルダーの説明	ステークホルダーのコミュニケーションに対する要求事項	優先度	特記事項
1					
2					
3					
4					
5					
6					
7					
8					
9					
10					

【CSMのテンプレート】

ステークホルダー	コミュニケーション目標	CSFs (重要成功要因)	成功基準 (ターゲット)	前提条件	制約条件	コミュニケーション方法(媒体)	アプローチのタイミング	頻度	情報伝達の担当者(R)	情報伝達の責任者(A)	予算化

6.3
アサンプションマネジメントとの統合

　プロジェクトマネジメントの考え方を統合するアプローチにより、「イノベーション・プロジェクト戦略マップ」に、「前提条件」「制約条件」の項目を設定している。この2つは、戦略や計画を立てる際の必須項目であるが、現場のマネジメントでは軽視されることが多い。「制約条件」については、もちろん無視できないことがわかっているので、確認すれば何らか明文化されたものが出てくる。だが、「前提条件」というものは、前提を置いた結果である戦略や計画があるだけで、それ自体が明文化された形跡がないことが多い。つまり、戦略や計画を考えた人の頭の中だけにあるということだ。これは、「前提条件」というものが、あくまでも「確実であるとみなしたもの」に過ぎないという認識を忘れてしまっているからにほかならない。「前提条件」のことを英語で「アサンプション（Assumptions）」というが、これには「思い込み」という意味がある。「思い込み」は私たちの意思決定に非常に大きな影響を与える無意識の領域にある。いや、大きな影響を与えるどころか、ほとんど無意識に意思決定をしている。だから、意思決定の質を上げるためには「思い込み」に無頓着でいるわけにはいかない。人は誰しも「思い込み」をするもの

だと認識しておくだけでも、意思決定の質が向上する。自分の思考のあり方を見つめて「前提を思い込みとして疑う」ことを心がける。「疑う」といっても何でも疑心暗鬼になれということではなく、もっとポジティブにとらえる。「前提という思い込みをポジティブに見直す」ということだ。

筆者は、マネジメント思考(マネジメントの意思決定に関わる思考態度(アティチュード))として「前提を疑う」ことが重要であると主張してきた(『MQ マネジメント思考指数』日経BP社)。これから紹介するアサンプションマネジメントは、この思考態度が必要となる。

「前提条件」は本質的に不確実なものであり、時間とともに、その妥当性が変化する。「イノベーション戦略」を考えた時点から時間が経つと、その前提も変化し、場合によっては妥当性を失うことがあるのだ。これは致命的な戦略リスクとなる(図表6-1)。

◆図表6-1　前提とリスクの関係

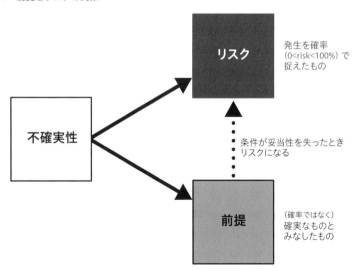

「イノベーション・プロジェクト戦略マップ」に、「前提条件」の項目があるのは、このような事態に対処するためである。イノベーション戦略をプロジェクトとしてうまく成功させてこそイノベーションである。ISO56002では、リスクについての項目はあるが、前提条件（アサンプション）についての項目はない。プロジェクトマネジメントの中でもリスクマネジメントの重要性は認識されるが、リスク事象を想定して対応を考えるだけでは、この前提条件（アサンプション）に対処できない。つまり、リスク事象だけを想定してもプロジェクトの不確実性への対応が十分ではないのである。

　たとえば、次頁の図表6-2の中に、「前提条件」として「相手企業とビジョンが共有できる（はず）」というものがある。これは、考えようによっては、「相手企業とビジョンが共有できないリスク」として特定もできる。だが、これから相手企業と協業体制をつくろうというときに、このような望ましくないリスクとして特定することに意味があるだろうか。協力し合うべき関係の中で、白けてしまって前には進まない。だから、そのリスクは誰かの頭の隅っこにあったとしても決して表には出てこない。しかし、そのような可能性は否定できない。そこで、いったん「相手企業とビジョンが共有できる（はず）」ととらえて、その妥当性を都度都度見直していけばよい。何か怪しげな（妥当性の）変化が見られたら、リスクとして扱うことに意味が出てくる。

　このように、前提条件をマネジメントの対象としてのアサンプションとしてとらえることで、一般的にはリスクとしてはなかなか表出してこない不確実性に対処できる。

「想定外」の事態が起こったという話をよく聞くが、「想定外」のことがなぜ次々に起こるのか。「こんなはずじゃなかった」というのは、「〜であるはず」という前提がどこかで妥当性を失くしてしまっていたからにほかならない。これも一般的なリスクマネジメントでは対応できないことの証左だ。

◆図表6-2 「イノベーション・プロジェクト戦略マップ」の「前提条件」の例

戦略視点	イノベーション目標	前提条件(Assumptions)	制約条件(Constraints)	要素成果物 (Deliverables)
組織の視点	「未病」対策サービスで技術を持つ企業との協業体制の構築	相手企業とビジョンが共有できる	マイルストーン：〇年〇月まで	協業についての契約書
	「未病」対策サービスの体制と予算の確保	「未病」対策サービスの体制が整う	マイルストーン：〇年△月まで	
人の視点	「未病」対策サービスの人員確保	人事部と交渉のテーブルにつく	マイルストーン：〇年▲月まで	人員体制表
	「未病」対策サービスの人員の教育	実効性のあるトレーニングが開発できる	マイルストーン：〇年□月まで	トレーニング教材
プロセスの視点	「未病」対策の診断サービス・フローの確立	パイロットが問題なく実施できる	マイルストーン：〇年◆月まで コスト：▲▲以下	診断サービスの手引書
	サテライト拠点の展開フローの確立	サテライト拠点提供先が見つかる	マイルストーン：〇年■月まで	協業についての契約書
		マーケティング部門と連携できる		
テクノロジーの視点	「未病」対策のキラーアプリケーションを導入	要求定義の信頼性が高い	コスト：〇〇以下	キラーアプリケーション
		マネジメントプロフェッショナルが確保できる	社内資格〇〇相当以上	
	身体・生体データのセキュリティ確保	セキュリティ専門家が確保できる	コスト：□□以下	セキュリティ監査報告書

　そのため筆者は、広義にはリスクマネジメントだが、その必要性を訴えるために、前提条件をマネジメントするアプローチを、アサンプションマネジメントとして取り組むことを主張している。

　例を基にして説明する。図表6-2の「イノベーション・プロジェクト戦略マップ」の「前提条件」を見ると、前提条件にもさまざまなレベルがあることがわかる。日常会話でも「それが大前提」とか「前提と言えなくもない」とか無意識にレベルを認識している。何かを決めるときには必ず前提があるので、すべてについて考慮することなどできないし、その必要もない。だが、戦略や計画の中で決めたことの前提を一度明文化してあぶり出し、皆で共通認識することは意義がある。例では「イノベーション目標」ということを決めたのだから、その前提は何なのかと確認することで、目標の内容や方向性の確認にもなるのだ。前提として考えていたことに人と相違がある場合も多いものだ。

　前提条件の妥当性の確認を、一度だけのイベントとして行えばよいものと、図表6-1のように、継続的に前提条件の妥当性に注意することが必要なものがある。前提条件を特定した後に、この区別が重要である。前提条件は、もともと確実なこととみなすに足る事柄であるので、例のような「イノベーション目標」の前提条件は、一度確認をしておけばよいことが多い。ただし、決定事項が「戦略」よりも「計画」のレベルになると、後者のように、継続的に妥当性を確認する必要のあるものが多くなる。これを「モニタリング」と呼び、この前提条件については、「モニタリング指標」を設定する。

　例にある「相手企業とビジョンが共有できる」という前提は、ビジョンが共有できたことが確認できれば、継続的にモニタリングまでする必要はないかもしれない。「かもしれない」というのは、一度共有ができたとしても、お互いを取り巻く環境や情勢が変化すれば、組織の意思としての離齬（そご）が生じることもあるからだ。この例では、社会価値の創出という観点でのビジョンなので、相手企業のSDGsやCSRの活動、ESG評価など公開されている情報からモニタリングすることを考えてもよい。「要求定義の信頼性が高い」という前提条件は、かなり具体的で「計画」レベルにも多く見られるものだ。たとえば、要求定義の各フェーズの進捗指標や、変更要求の消化率などでモニタリングすることが考えられる。

　ここまでは、「イノベーション・プロジェクト戦略マップ」の「イノベーション目標」を例にして説明したが、戦略マップを基にブレークダウンしていく過程でも、さまざまな「前提」は必ずあるし、このような文書化されたものだけではなく、メンバーのモチベーションやスキルなど「人」にまつわる前提も多い。「全体をとらえる」フレームワークを使うと、やはり戦略視点の「組織」や「プロセス」、「テクノロジー」それぞれに、さまざまなレベルで「前提」はあることが見えてくる。これらは、体系的に整理してマネジメントすることを考えないと手に負えなくなる。私の経験から言うと、有能なプロジェクトマネジャーは、無意

識にも、この「前提」にうまく対処する術を知っているようだ。動物的な「勘」というか、前提としている条件が妥当性を失う前のタイミングで「気づく」のだ。だが、これを経験で身につけるには時間がかかる。筆者は、アサンプションマネジメントとして体系化することにより学べるものだと考え、実際にトレーニングを提供している。イノベーションマネジメント・プロフェッショナルとしてもぜひ、身につけておきたい。

　アサンプションマネジメントのプロセスを示す(図表6-3)。このプロセスどおりに進めればよいが、先に述べたように「前提を疑う」という思考態度をもつことが鍵となる。この思考態度を診断する『MQマネジメント思考指数診断®』というサービス(無料)があるので確認してみることをお勧めする。もし、この思考態度に課題があっても、それがわかれば必ず課題は克服できる。課題としてわからなければ克服できない。何事も前向きに対処してほしい。

◆図表6-3　アサンプションマネジメントのプロセス

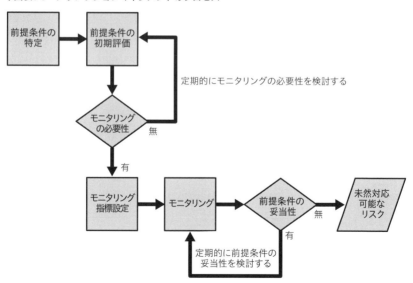

　このプロセスで鍵となるのが、前提条件の妥当性を評価するための「モニタリング指標」を設定することだ。

　慣れないと設定に苦労するが、この指標を設定できるようになることで、ベテランの有能なプロジェクトマネジャーの経験や勘を上回ることができる。アサンプションマネジメントも、その考え方を取り入れて自由に文書化してよい。前節でも述べたが、人から与えられたものより自分で作成したものの方が使いやすいのは当然であり、管理表の類を埋めるのが目的ではないので、自分で書式をつくってみることを勧めたい。

　参考までに本書では、「イノベーション戦略」の補助文書として、「アサンプション確認シート（AVW: Assumption Validation Worksheet）」を示す。

【AVWのテンプレート例】

No.	前提条件 (Assumptions)	エビデンス (出処)	R/A/I	妥当性	影響度	モニタリング要否	モニタリング指標
1							
2							
3							
4							
5							
6							
7							
8							
9							
10							

6.4
TOC（制約条件の理論）との統合

　「イノベーション・プロジェクト戦略マップ」には「制約条件」の項目がある。まず、「イノベーション目標」ごとに何が制約かということを明確にする。時間やリソースなど予め制約を受けることがわかっていることを書く。もちろん、STEP 0においては、まだ正式な承認の前であるので、これらは制約になるかどうかすら明確ではなく、むしろ、それ

が制約になるという前提条件と混同することがある。一般的には、「いつまでに、あることが終わっていないと、機会を失う」というような「マイルストーン」が制約条件と挙げられることが多い。ここで重要なことは、個々の「制約条件」ではない。STEP 0においては、個々の「マイルストーン」情報の正確さも要求されない。だが、戦略マップとして重要なのは「全体として何が最も制約になるか」という観点だけである。これは、「制約条件」の隣の項目である「要素成果物」の情報を参照することで、全体として「何がボトルネックになりそうか」という事柄に見当をつけることが目的である。プロジェクトにおいては、クリティカルチェーンという言葉を用いるが、このボトルネックにリソースなどを集中するアプローチがある。この「全体最適」の視点でとらえるという意味でTOC（Theory Of Constraints;制約条件の理論）との統合としたが、TOCはもともと納期厳守や納期短縮のためのアプローチであるので、手法的なレベルで統合を意図するものではない。本書で、繰り返し強調している「全体をとらえる」という思考レベルの重要性を「制約条件」についても指摘したかったというのが主旨である。

　STEP 1以降においては、対象が製品なのか、ソフトウェアなのか、あるいはサービスなのかによっても異なるが、TOCないしクリティカルチェーン・プロジェクトマネジメントのアプローチとの統合を考える意義もあるだろう。このあたりは、多くの書籍があるので参照されたい。

第7章

「イノベーション
マネジメント」と
「リスクマネジメント」の
統合

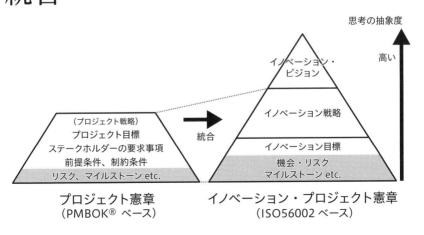

7.1
リスクとは何か

　これまで、イノベーションのビジョンを実現させるための戦略のアプローチを考えてきた。脅威でさえ機会ととらえ、その基になる思考態度にまで言及した。皆で共有したビジョンは戦略や計画を実行するタフな行動力も生むだろう。だが、私たちは知っているように、何かを成し遂げようとするときには、いろいろな展開を考えておくべきだ。お察しのとおり、本章ではリスクについて説明しようと思う。「いろいろな展開」と言葉を濁したわけではない。それがリスクを考えるうえでの本質に近い。だが、「リスク」という言葉には誤解も多い。たとえば、一般にはリスクというとき、「何かやっかいなこと」を想像する。だが、これはリスクの一面にすぎない。

　ISO56000のリスクの定義は、「不確実性が及ぼす影響(effect of uncertainty)」という極めてシンプルなものだ。注記として「その影響はよいものか悪いものかを問わず予想外のこと(An effect is a deviation from the expected — positive or negative.)」とある。ここで、リスクは「やっかいなこと(negative)」とは限らないことに目を向ける。たとえば、「未病」診断サービスが想定よりも早く普及することもリスクであるし、収益が予想以上になることもリスクだ。だが、当初の影響はポジティブなものでも、診断サービスの業務量が増えて、それを支えるスタッフが疲弊するということもあり得るし、新規事業の収益性が高くなり既存事業の収益性が相対的に悪化するような指標が出ると説明責任が生じる。

　また、「未病」診断サービスが広く知られるようになると、情報漏洩を狙う悪質なハッカーの攻撃対象となり、個人情報などセキュリティ面で問題が生じて、一気に評判を落とすということもある。このように、リスクという可能性は一面的にとらえきれないものだ。

　お気づきのように、これらは新サービスが無事にはじまった後のリス

クである。イノベーションマネジメントでは、最初に、このようなハイレベルなリスクから考える。これは、イノベーションが顧客価値や社会価値のフォーカスするものであることから、その価値を見極める必然性によるものだ。戦略や目標を多面的に検討したように、リスクもまたリスク事象を一面的にとらえるのではなく、いろいろな展開として想定しなければならない。「イノベーション・プロジェクト憲章」で扱うリスクとは、このようなレベルであることを確認しておきたい。

「イノベーション・プロジェクト憲章」が承認された後（STEP 1以降）では、プロジェクト遂行に伴う不確実性に対処するためにリスクを考える。PMBOK® のリスクの定義は、「リスクとは、それが発生すれば少なくともスコープ、スケジュール、コスト、品質といったプロジェクト目標に影響を与える不確実な事象・状態」である。また、PMBOK® のリスクの影響も、ポジティブとネガティブの両面があるとしている。これらは当然、プロジェクト・リスクマネジメントで扱うリスクである。このようにリスクはプロセスにより扱うレベルが異なることを認識しておきたい。

7.2
STEP 0のリスクマネジメント

　前節で説明したように、リスクにはレベルがあり、レベルによって扱い方も異なる。本質は同じだが、プロジェクト・リスクマネジメントだけの経験しかないと、「イノベーション・プロジェクト憲章」を作成するSTEP 0では、ハイレベルのリスクの特定に少々てこずることになる。標準的なプロジェクト・リスクマネジメントで、実務的に「リスク管理シート」の類を使うと、どうしても目先の「やっかいなこと（negative）」の収集に明け暮れる。そして収集して一覧にした後は、「課題管理」の

ような運用がされる。結局はリスクが顕在化してから対処するしかないということになっている。これは、そもそもプロジェクトで目指すべきビジョンや戦略のないところに、プロセスとして「リスクの特定」があり、それ自体が目的になっているのである。

　標準的なプロジェクト・リスクマネジメントでは、リスクマネジメントは「計画」プロセスとしてはじめる。もちろん、これは形式的にそうなっているというだけだ。前節で示したPMBOK®のリスクの定義には「スコープへの影響」が含まれるが、そもそもスコープマネジメントは、プロジェクトの「戦略」であり、リスクマネジメントは「スコープ戦略」と同期させてはじめるべきものだ。やっかいなのは、スコープマネジメントもまた形式的には「計画」プロセスとしてはじめることになっていることだ。これらは標準プロセスとして明確にしたことによる弊害だろう。定義されたプロセスは、一部しか表せないことを、あらためて認識すべきだ。繰り返すが、形式的なプロジェクト・リスクマネジメントの考え方では、STEP 0のリスクについて、うまくマネジメントすることはできない。

　「イノベーション・プロジェクト憲章」で扱うリスクは、一般的なイメージのリスクとは異なる。だから「いろいろな展開」と表現した。これは、第2部でビジョン・シナリオから「イノベーション目標」まで考えたことが達成されるというシナリオとは別のシナリオを考えることだ。つまり、ビジョンや戦略をつくる思考と同じレベルの思考が必要になる。「全体をとらえる」ことや「変化をとらえる」ことについての思考態度（アティテュード）を振り返る必要がある。

「いろいろな展開」は、前節で例を挙げたように、想定する事象の「影響」がどのような展開になるかを考える。単にリスク事象だけではなく、その「影響」の可能性や、その影響を引き起こす要因までを考える。一般には、リスク事象は、その発生の可能性（発生確率）と発生した時の影響の大きさで評価する。いわゆる、P-Iマトリックス（Probability-Impact

Matrix）を使うやり方である。だが、「いろいろな展開」では、リスク事象から「影響」を分離させて、「影響」を評価するアプローチなのである。

　これを、スミスとメリットの標準リスクモデル（『実践・リスクマネジメント』生産性出版）を基にして、例を図で示すと図表7-1のようになる。

◆図表7-1　STEP 0でのリスクのとらえ方

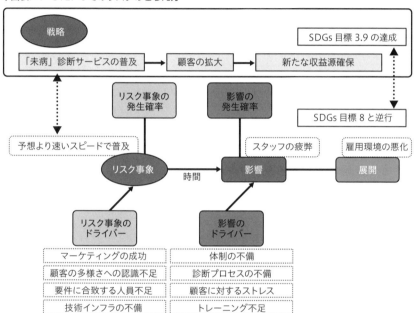

　まず、戦略のシナリオがある。このシナリオを「阻害する何か」ではなく、シナリオの方向性とは同じだが、展開が異なるような別のシナリオを「いろいろな展開」と表現した。戦略に合わせて考えるので、一般のリスクの特定のように、対象もレベルもバラバラに発散しない。例では、「未病」診断サービスを普及させるという戦略に、「予想より速いスピードで普及」というリスク事象が、「スタッフの疲弊」という「望ましくない影響」となり、「雇用環境の悪化」を招くというシナリオである。

リスク事象そのものは対応する必要のないものだが、影響が「望ましくない、好ましくない」場合には、図表7-1のように、「リスク事象」と「影響」を分けて、それぞれを引き起こす要因(「ドライバー」と呼ぶ)を挙げていく。破線で囲った事項をポスト・イット®で貼りつけていくイメージだ。これらの対応戦略を検討しておくというアプローチである。このようにすると、不確実だが何をしておけばよいかがわかり、アクションを起こせる。単に、リスク事象を一覧表にまとめることとの違いは明白だ。

　また、このようなアプローチを考える際に、「時間」についての考慮も重要だ。「リスク事象」から「影響」が出るまでに、ある程度の時間的なギャップがある。じわじわと出てくる影響もあるだろう。展開を考えるには中長期的な視野に立ち、時間的に俯瞰する態度が必要だ。このような思考のアプローチが「待つ」という思考態度である(拙著『MQ マネジメント思考指数』参照)。たとえるなら、薬の副作用だ。薬が目的の効果を発揮する一方で、望ましくない効果が「影響」として出ることもある。この副作用は、すぐに出ることも、時間をかけて出てくることもある。薬の短期的な効果だけを考えていてはならない。時間がかかって出てくるような副作用を放っておいてよいわけはない。そこに意識を向けることができるかどうかが、イノベーションマネジメント・プロフェッショナルとして問われるのだ。

　このような思考のアプローチをSDGsの目標にも当てはめてみよう。STEP 0では、SDGsの目標をイノベーション目標に組み入れることを勧めている(第5章5.3参照)。戦略シナリオの目標達成したことの「影響」が、結果的にSDGsの目標を達成しようとすることに逆行することになっていないかを確認することも、目標に組み入れることと同様に大切なことだ。このようなシナリオにならないようにするモチベーションにもなる。これも「社会価値」の創出を目指すイノベーション・プロジェクトならではの必要なアプローチである。

7.3
STEP 1 以降のリスクマネジメント

　STEP 1 以降では、一般のプロジェクトと同様に、プロジェクト遂行に伴う不確実性に対処するためにリスクを考える。不確実性に対処することが本質であり、リスクに限ったことではない。筆者は、経験上、プロジェクトの不確実性に対処するには、第 6 章6.3節で説明した「前提条件(Assumptions)」についてのマネジメントが重要だと考えている。さらに、リスクについては、「既知の未知(Known unknowns)リスク」と「未知の未知(Unknown unknowns)リスク」とを区別して、異なるマネジメントのアプローチが必要だ(図表7-2)。

◆図表7-2　不確実性に対処するプロアクティブ・リスクマネジメント

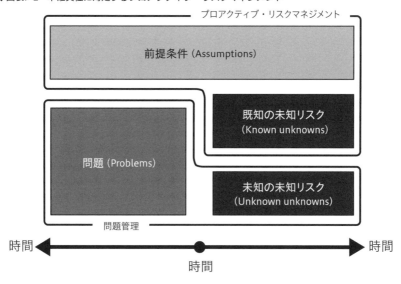

　「未知の未知(Unknown unknowns)リスク」は、リスクではあるが、発生してからでないと手の打ちようがないので、問題管理と同様のアプロー

チとして対処する。全く未知の事象は確率で評価できないからだ。リスクマネジメントで対処できるのは、「既知の未知(Known unknowns)リスク」である。非常に重要な区別でありながら、なかなかこの認識が浸透しない。「リスクマネジメントをやっても仕方がない」という本音は、このような最初に明確にすべき区別がないからだと考える。発生してから対処するのと、発生の未然防止を考えるアプローチでは正反対なことが、図表7-2を見るとわかる。

　不確実性へのアプローチの本質は、未然防止にある。その鍵は、対象を「既知の未知リスク」だけではなく、「前提条件」まで拡げることである。これを従来のリスクマネジメントと区別するため「プロアクティブ・リスクマネジメント」と呼ぶ。STEP 1では、このような「プロアクティブ・リスクマネジメント」を行う。これは、アサンプションマネジメント(第6章6.3節)とプロジェクト・リスクマネジメントを「統合」するものだ。図表6-3のアウトプットである「未然対応可能なリスク」をインプットとして「リスクの特定」プロセスを開始するイメージである。

◆図表7-3　STEP 1以降のリスクマネジメントのプロセス

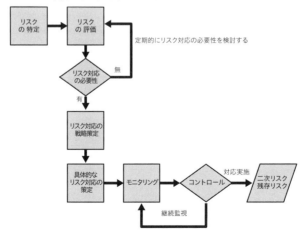

「リスクの特定」は、アサンプション・プロセスからのインプットのほか、図表6-2の「イノベーション・プロジェクト戦略マップ」や「コミュニケーション戦略マップ」などの「イノベーション目標」や6.2節の「コミュニケーション目標」に関連してリスクを特定していく。この場合のリスクは、目標の遂行を「阻害する影響を及ぼす何か」に絞ってよい。目標を階層化していく場合には、それぞれのレベルで対応するリスクを特定する。アウトプット(「リスク登録簿(Risk Register)」と呼ばれる)はエクセルのようなものではなく、皆で共有できるように、リスクマネジメント・ツール(プロジェクトマネジメント・ソフトウェアの機能)を使って一元化しておくのがよい。

「リスクの評価」は、PMBOK® ガイドでは、「定性的リスク分析」と「定量的リスク分析」とあるが、イノベーション・プロジェクトの場合は、専ら「定性的リスク分析」で対応できる。いわゆる、P-Iマトリックスで、発生可能性(発生確率)と発生した時の影響の大きさで評価する。なお、この評価のメトリクス(尺度)は、リスクマネジメント計画の中で予め決めておく。評価の目的は、対応策の必要性を決めるためである。対応の必要性があるリスクについては、「リスク対応の戦略」を決める。

「リスク対応の戦略」は、【コラム⑫】の図表に示す戦略(回避、軽減、転嫁、受容)と優先順位を決めることである。戦略の意義についても、【コラム⑫】を参照してほしい。

「リスク対応の戦略」を受けて具体的なリスク対応を検討し、策定する。必要に応じて、リスク対応後の残存リスクや二次リスクについても検討しておく。

　リスクは、時間とともに変化するので、継続的に「モニタリング」をし、適切な「コントロール」を行う。

コラム⑫

リスクの対応戦略

好ましくない影響を与えるリスクへの対応戦略には4つの型（パターン）がある。

「リスク対応の戦略」の4つのパターン

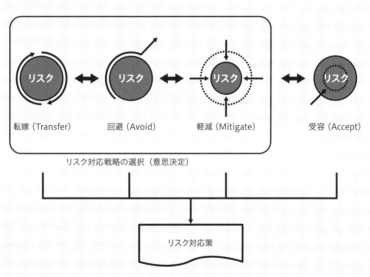

最初に注意しておきたいことは、これは「リスク特定」で識別された個別のリスクへの対応の戦略であり、プロジェクトのリスクマネジメント戦略ではないということである。全体の戦略は個

別のリスク対応の戦略まで規定することはないし、そもそも予め決めておくようなレベルのものではない。特定されたリスクの評価(発生可能性や影響の大きさ)を意思決定の根拠として、戦略を検討する。

　発生した時の影響が受け入れ可能なレベルであれば「受容」という戦略の型になる。そのまま看過するという消極的なものと、発生を見越して何らかの策を講じておく積極的なものとがある。いずれにしても、リスク対応の本質は未然対応であることから、「受容」という戦略は次善の策の域を出ない程度のものである。

　リスク対応の基本戦略は「回避」である。これは、その名のとおり、リスクの影響を受けないように策を講じるものである。特に、その影響の経済的価値をほかに移すものが「転嫁」であり、「回避」戦略による策を講じることが困難な場合に「軽減」という選択肢がある。

　基本戦略が「回避」であるということを知ってか知らずか、あまりにも安直に「軽減」策が検討される。つまり、「軽減」戦略ではなく、いきなり、このリスクにはこの策で行きましょうという短絡的に決める風潮があるということだ。「回避」戦略と決めてから策を講じるのは、マネジメントとして負担が大きい。たとえば、「回避」するためにスコープなどの計画変更をすると、関係各方面に多大な影響が及ぶ。だから「回避」戦略を「回避」するために当たり障りのない策を考えるという笑えない話が実際に多いのだ。

　「回避」戦略の根拠はリスク評価だが、それだけで「回避」戦略がとられることはない。「回避」戦略をとるには、意思決定をする者に相当なタフさが必要だ。リスクの対応戦略を決断するには

真摯な態度(インテグリティ)が求められる。フィリップ・マーロウのセリフをもじると「タフでなければ、リスクマネジメントはできない。真摯さがなければ、マネジメント・プロフェッショナルの資格はない」。「回避」戦略が取られなかったために、人命にかかわる甚大な事故や事件になった事例を強烈な教訓として噛みしめる必要がある。イノベーションは、顧客価値や社会価値を創出するものである。イノベーションプロジェクト・プロフェッショナルがリスクマネジメントに果たす役割は重要である。

エピローグ──
2030年の「すでに起こっている未来」

　本書『イノベーションマネジメント・プロフェッショナル』は、2007年に上梓した『プロジェクトマネジメント・プロフェッショナル』の続編として執筆した。本書を読まれた読書の方は、この２つの人材像の違いを指摘することができるだろうか。実は、本質を見極めることができる人ほど、その違いを見つけるのが難しいという皮肉な質問である。

『プロジェクトマネジメント・プロフェッショナル』において、特定の分野に秀でた才能や専門知識をもっているだけでは「プロフェッショナル」とは呼べず、正しくは、「スペシャリスト」と呼ぶべきであることを述べた。たとえば、知見を求めてスペシャリストに話を聞くと、難しい話をされ、かえってわからなくなった経験はないだろうか。ある技術や方法論を利用しようとしたとき、スペシャリストは技術や方法論自体の正確性や精緻さにこだわりを見せ、「ｘｘは必ずこのように適用しなければならない」と譲らなかったりする。

　スペシャリストに対してプロフェッショナルについては、次のように書いた。「プロフェッショナルの強みは、そのサービス精神にある。プロとして相手の真の要求を理解し、その要求に応えるためのサービスを提供可能にすることだ。プロフェッショナルは、技術や方法論そのものよりも、その技術や方法論が必要になった背景や経緯、影響する範囲、代替の技術や方法論などを含めて全体的に捉えたうえで、相手が求めているものをわかりやすく説明できる。プロフェッショナルにとっては、たとえ自分の専門領域の技術や方法論でさえも、目的達成のための手段とあっさり割り切れるのである。『目的』と『手段』を常に明確に意識し、『手段』ではなく『目的』を優先する。ある次元では、『専門性』も手段なのである。だから『専門性』に捉われすぎてはいけない。専門性を持つが故に『できないという理由』を見つけるのではなく、サービスの

提供者として、相手の要求に応えることを第一義におくことが求められる。自分が持つ特定の専門技能や知識の優位性でプロを主張するのではなく、むしろ、その専門性の呪縛を『精神的に』解き放つことができて、プロフェッショナルといえる」。

「イノベーションマネジメント・プロフェッショナル」と、「プロジェクトマネジメント・プロフェッショナル」の２つの人材は、その思考(意思決定)のアプローチともつべき責任に本質的な違いはない。筆者が主張したいことは、２つある。

　１つ目は、「『プロジェクトマネジメント・プロフェッショナル』は、ミッションを達成する。『イノベーションマネジメント・プロフェッショナル』は、ビジョンを実現する」ということ。

「ビジョン」の実現には、その「ビジョン」から立ち上げるべきプロジェクトのミッションが達成されることが必要なので、結局は同じことと思われるかもしれない。だが、このビジョンを実現するためのプロジェクトを立ち上げるという役割こそ、「イノベーションマネジメント・プロフェッショナル」に求められるものだ。「ビジョン」が勝手に形になり、実現することはない。このことを考えるには、本文の中でも紹介したドラッカーの次の言葉を噛みしめることだ。

「未来は明日つくるものではない。今日つくるものである。今日の仕事との関係のもとに行う意思決定と行動によって、今日つくるものである。逆に、明日をつくるために行うことが、直接、今日に影響を及ぼす」(『創造する経営者』)。

　ビジョンとは、「未来の絵空ごと」を考え出すことではなく、「来るべき未来」につながる「今やるべきことをやる」という行動であり、その行動は、正しい意思決定が基になっているということ。このような意志と思考のレベルをもつ人こそ、求められるのである。すなわち、この人材が「イノベーションマネジメント・プロフェッショナル」である。

　本書では、これを「イノベーション・プロジェクト憲章」をつくると

いう行動で具体的に示した。そこにはビジョンの実現に向けた意志や高い次元の思考レベルを客観的に観ることができる。「イノベーション・プロジェクト憲章」というアウトプットだけではなく思考を尽くしたプロセスが重要であることを示す。「ビジョン」から戦略、目標をつくる「イノベーションマネジメント・プロフェッショナル」の思考の次元とプロセスが鍵を握る。

この思考のアプローチについては、前著『プロジェクトマネジメント・プロフェッショナル』において「近くのものを遠くから見る」という境地にいたる極意を示した。

「全体をとらえる」

「変化をとらえる」

「待つ」

「見えないものに挑む」

「前提を疑う」

の５つである。

この次元で求められる本質こそ、変わりはしない。本書では、敢えてこれら５つの極意との関連を示すことをしなかった。それよりも、具体的に「イノベーション・プロジェクト憲章」をつくるという思考の流れを示した。その背景は、これら５つの極意を、「マネジメント思考指数（MQ）」という切り口で見えるようにした拙著『MQ　マネジメント思考指数』の存在がある。本書とは、相互補完関係にあるものだ。特に、マネジメント・プロフェッショナルとしてどのように思考のレベルを上げるのかということについては、同書をぜひ参考にしていただきたい。もちろん、同書を紹介して終わりではなく、読者には誠意を尽くして対応したいので、疑問点などはお寄せいただきたい。

２つ目は、「『プロジェクトマネジメント・プロフェッショナル』は、すでに企業やさまざまな組織になくてはならない存在になった。『イノ

ベーションマネジメント・プロフェッショナル』は、今すぐ日本の企業に必要な存在である」ということである。

　日本企業の国際競争力が低下していることが叫ばれる中で、イノベーションによる競争優位の確保が急務であるとの問題意識がある。事実、日本経済新聞社と一橋大学が共同で行った世界の主要企業のイノベーション力を評価した2019年度「イノベーション指数」において、上位100社中1位以下7位までを米国企業が独占し、100社全体でも最多の36社を占めた一方で、日本企業はトヨタの12位が最高位で全体でも4社が入っただけだった。評価方法には異論もあるだろうが、この評価は米国の調査会社ではなく、日本のメディア企業と国立大学が共同で行ったものであることに注目すべきだ。

　イノベーションというと、米国のシリコンバレーのような新興企業によるものが連想されるが、日本においては、既存企業による体系的なイノベーションの創出を行うことが重要であり、そこでは「創造性」や「イノベーター」だけではなく、「プロセス」と「イノベーションマネジメント」が日本の競争力向上のキーワードとなる。

　周知のようにISO(国際標準化機構)において、既存組織がイノベーションを生み出すことを目的としたイノベーションマネジメント・システムの国際規格ISO56002が2019年7月に発行された。日本企業は、これを機にイノベーションの考え方を改める必要がある。米国流イノベーションの真似をするのではなく、日本企業の強みを活かしたアプローチを考えるべきである。そこで強調しておきたいのは、ISO56002のようなプロセスを実際に適用して成果を出すために、プロセスと人との橋渡しをする「イノベーションマネジメント・プロフェッショナル」の存在が、鍵を握るということである。現時点で日本企業がイノベーションによる競争力を確保できていないのは、この人的資源の問題に対応できていないことが挙げられる。だが、これは機会にもなり得る。ウィズコロナの時代になって、企業組織における働き方自体の意義を一人ひとりが考え

るようになった。プロフェッショナルというのは、組織に属しているかどうかに関わらず、一個人として社会と対峙する役割があり、それに伴う責任をもつ。企業としては、組織人としてではなく自律したプロフェッショナルとして尊重する対応が求められる。そのことが結局は組織力を強くすることだと、内外を問わず先進企業で証明されている。イノベーションマネジメント・システムは単にイノベーションという予め決められた枠の中で考えればよいものではない。組織の全体に関わる基盤となるものである。そこで必要とされる「イノベーションマネジメント・プロフェッショナル」の配置や育成は、企業の組織戦略の要となる。

　最後に、「イノベーションマネジメント・プロフェッショナル」を目指す読者に、敬愛するドラッカーの言葉を捧げたい。

　「未来を予測する最も確かな方法は、自ら未来を創ることである」
　"The best way to predict the future is to create it yourself."

　未来を予測することは、過去ではなく未来に目を向けるという点においてのみ有益なことで、重要なことは予測ではなく行動である。自動運転や遠隔医療がいつ実用化されるのかという予測にだけ関心をもつのではなく、実用化に向けて行動を起こすことが求められる。予測もつかない事態が起こっても、行動を起こす意図と意志があれば前へ進め、未来は現実のものとなる。イノベーションはそうやって実現されてきたし、それがマネジメントの役割であり機能だ。その担い手である「イノベーションマネジメント・プロフェッショナル」は未来を創る人である。「イノベーションマネジメント・プロフェッショナル」になる資格は誰にでもある。未来に向けて、行動を起こす意図と意志があれば皆に資格がある。たとえいま、仕事に就いていなくても、また学生であったとしても、あるいは間もなく退職を控える身であっても、明日ではなく今日、

行動を起こす意図と意志をもてば目指す未来が創れる。

　今日があなたにとって、2030年の「すでに起こっている未来」となる。

謝辞

　本書の執筆を通して、人とビジョンを共有するという意図が創造の源泉となること、すなわち、人との縁によって新たな価値が生まれることをあらためて感じた。

　これまで長年プロジェクトマネジメントの社会への普及を目指した同志である谷島宣之氏、加藤亨氏、白石俊介氏との縁に謝意を表したい。今後、プロジェクトマネジメントとイノベーションマネジメントとの統合プラットフォームの構想につなげていきたいという想いを強くした。その協力なくして本書は書き上げることができなかった。さらに、この構想に新たに加わる岡庄吾氏、足立研氏には、それぞれの独特の視点から「すでに起こっている未来」につながる示唆をいただいたことに感謝する。

　畏敬する友人の高橋信也氏は、"Managementにおける社会のPlatformとなり、組織の変革および自律的な個人の成長を促す"というビジョンを掲げる株式会社マネジメントソリューションズ（東証一部:7033）のファウンダーでもあるが、イノベーションマネジメントのプラットフォームを目指す筆者にとって、その存在に勇気づけられる。この場を借りて感謝申し上げたい。

　最後になりますが、本書の構想企画から本書の完成までを通じてお世話になった公益財団法人 日本生産性本部 生産性出版の米田智子氏に心よりお礼申し上げます。

著者

参考・引用文献

プロローグ・本書のコンセプトと構成
[1] International Organization for Standardization,ISO56002:2019
[2] International Organization for Standardization,ISO56000:2020
[3] 経済産業省「日本企業における価値創造マネジメントに関する行動指針」,2019
[4] 一般社団法人 日本船主協会(JSA)ウェブサイト「海運雑学ゼミナール」
　　https://www.jsanet.or.jp/seminar/text/seminar_061.html
[5] P. F.ドラッカー、上田惇生訳『明日を支配するもの』ダイヤモンド社,1999
[6] 峯本展夫『プロジェクトマネジメント・プロフェッショナル』生産性出版,2007
[7] 峯本展夫『MQ マネジメント思考指数「未来」を創り出す人の 5 つのアティテュード』日経BP社,2018

第 1 章
[1] P. F.ドラッカー、上田惇生訳『新訳　現代の経営』ダイヤモンド社,1996
[2] International Organization for Standardization,ISO56002:2019
[3] 経済産業省「日本企業における価値創造マネジメントに関する行動指針」,2019
[4] 峯本展夫『プロジェクトマネジメント・プロフェッショナル』生産性出版,2007

第 2 章
[1] PMI: A guide to the Project Management Body of Knowledge, PMI,1996
[2] PMI『Pmbok guide 和訳版プロジェクトマネジメントの基礎知識体系』エンジニアリング振興協会,1997
[3] 『プロジェクトマネジメント知識体系ガイド 第 6 版』PMI,2018
　　MANAGEMENT TASKS・RESPONSIBILITIES・PRACTICES, HARPER & ROW,1973
[4] P. F.ドラッカー、上田惇生訳『抄訳マネジメント − 課題・責任・実践』ダイヤモンド社,1975
[5] 外務省 JAPAN SDGs Action Platformウェブサイト
　　https://www.mofa.go.jp/mofaj/gaiko/oda/sdgs/index.html
[6] 峯本展夫『プロジェクトマネジメント・プロフェッショナル』生産性出版,2007

第 3 章
[1] 日経BP総研『日経BP総研2030展望 ビジネスを変える 100のブルーオーシャン』日経BP社,2019
[2] International Organization for Standardization,ISO56002:2019

[3]『プロジェクトマネジメント知識体系ガイド 第6版』PMI,2018

第4章
[1] International Organization for Standardization,ISO56002:2019
[2] P. F.ドラッカー、上田惇生訳『新訳・創造する経営者』ダイヤモンド社,1995
[3] 峯本展夫『MQ マネジメント思考指数「未来」を創り出す人の5つのアティテュード』日経BP社,2018
[4] W・チャン・キム、レネ・モボルニュ、有賀裕子訳『ブルー・オーシャン戦略 競争のない世界を創造する』ランダムハウス講談社,2005
[5] Peter F. Drucker: THE ECOLOGICAL VISION: Reflections on the American Condition, Routledge,2000
[6] P. F.ドラッカー、上田惇生訳『すでに起こった未来』ダイヤモンド社,1994
[7] ブリヂストン社ウェブサイト「会社情報」>歴史>ブリヂストン物語
https://www.bridgestone.co.jp/corporate/history/story/02_02.html

第5章
[1] International Organization for Standardization,ISO56002:2019
[2] W・チャン・キム、レネ・モボルニュ、有賀裕子訳『ブルー・オーシャン戦略 競争のない世界を創造する』ランダムハウス講談社,2005
[3] 峯本展夫『プロジェクトマネジメント・プロフェッショナル』生産性出版,2007
[4] クリスティーナ・ウォドキー、二木 夢子訳『OKR シリコンバレー式で大胆な目標を達成する方法』日経BP社,2018
[5] P.F.ドラッカー、上田惇生訳『イノベーションと企業家精神』ダイヤモンド社,2015

第6章
[1] International Organization for Standardization,ISO56002:2019
[2]『プロジェクトマネジメント知識体系ガイド 第5版』PMI,2014
[3]『プロジェクトマネジメント知識体系ガイド 第6版』PMI,2018
[4] 峯本展夫『プロジェクトマネジメント・プロフェッショナル』生産性出版,2007
[5] 峯本展夫『MQ マネジメント思考指数「未来」を創り出す人の5つのアティテュード』日経BP社,2018

第7章
[1] International Organization for Standardization,ISO56002:2019
[2] International Organization for Standardization,ISO56000:2020

[3] プレストン・G.スミス、ガイ・M.メリット、澤田美樹子訳『実践・リスクマネジメント』生産性出版,2003
[4] ポール・S. ロイヤー、峯本展夫訳『プロジェクト・リスクマネジメント―リスクを未然に防ぐプロアクティブ・アプローチ』生産性出版,2002
[5] 峯本展夫『プロジェクトマネジメント・プロフェッショナル』生産性出版,2007
[6] 峯本展夫『MQ マネジメント思考指数「未来」を創り出す人の5つのアティテュード』日経BP社,2018

エピローグ
[1] 峯本展夫『プロジェクトマネジメント・プロフェッショナル』生産性出版,2007
[2] P. F.ドラッカー、上田惇生訳『新訳・創造する経営者』ダイヤモンド社,1995
[3] Peter F. Drucker: MANAGING FOR RESULTS, HARPER & ROW,1964
[4] ドラッカー学会編『マネジメントとは何か－ドラッカー学会追悼懇親会に寄せて』,2006
[5] 峯本展夫『MQ マネジメント思考指数「未来」を創り出す人の5つのアティテュード』日経BP社,2018

付録──
イノベーションマネジメントのテンプレート

　本書では思考と行動のアプローチについて説明したが、そこで補助的に使用するテンプレートを掲載する。これらは自分たちの組織で改変するなど自由に使っていただきたい。

　もとよりテンプレートの使い方に細かな決まりは必要ない。自分たちで考えてつくることが、結局は一番「使える」ものになる。

□イノベーションマネジメント・システムの全体像（ISO56002マッピング）

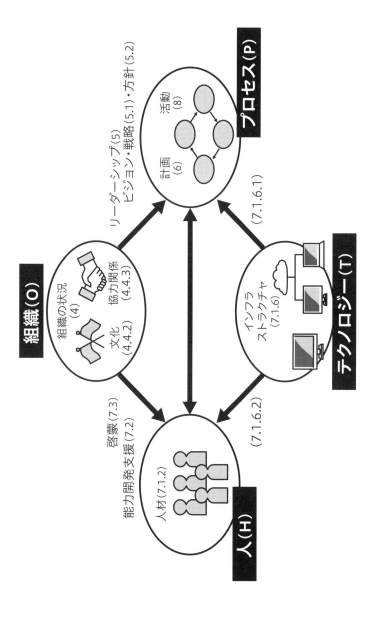

組織（O）

組織の状況（4）
協力関係（4.4.3）
文化（4.4.2）

リーダーシップ（5）
ビジョン・戦略（5.1）・方針（5.2）

プロセス（P）

計画（6）
活動（8）

啓蒙（7.3）
能力開発支援（7.2）

人材（7.1.2）

人（H）

インフラ
ストラクチャ
（7.1.6）

テクノロジー（T）

（7.1.6.1）

（7.1.6.2）

□①想定しないもの（Unexpected）
　　□思いもよらない成功
　　□思わぬ失敗

□②一致しないもの（Incongruity）
　　□あるべきものとの何らかの乖離や不一致

□③必要性のあるもの（Necessity）
　　□プロセス上の必要性
　　□労働力上の必要性
　　□知識上の必要性

□④産業構造の変化（Market Structure）

□⑤人口構成の変化（Demographics）

□⑥意識の変化（Changing perception）
　　□機能志向から感性志向への転換
　　□感性志向から機能志向への転換

□⑦新しい知識の活用（New Knowledge）

□イノベーション戦略の「5W2H」

Why（なぜ取り組むのか）：背景やニーズ・ビジョン	⇧	OptSw、戦略キャンバスでシナリオ補強
		イノベーション・プロジェクト戦略マップで多面的に整理・展開
What（何に取り組むのか）：内容定義		イノベーション目標・ターゲット
Who（誰が取り組むのか、誰が責任者か、誰が承認するのか）：体制・役割		イノベーション目標・ターゲット・CSFs
When（いつ始めるのか、いつが重要な時点か、いつまで続けるのか）：マイルストーン・スケジュール		前提条件・制約条件
Where（どこを取り組むのか、どこで取り組むのか）：場所	⇧	イノベーション目標・ターゲット、前提条件・制約条件
How much（いくらかかるのか、どのくらいの効果があるのか）：費用対効果		前提条件・制約条件
How to approach（どのように取り組むのか）：活動・アプローチ		イノベーション目標・CSFs

□イノベーション戦略の「OptSw（オプトスイッチ）」

ビジョン：

ビジョン・シナリオ：

	Op（機会）	t（脅威）
	1	1
	2	2
	3	3
	4	
	5	
	6	
	7	
	8	

S（強み）	W（弱み）
1	1
2	2
3	3
4	
5	
6	

□ 「イノベーション・プロジェクト戦略マップ」の策定（イノベーション目標マッピング）

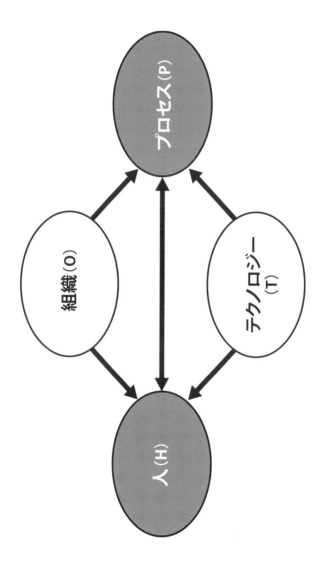

□イノベーション戦略の「イノベーション・プロジェクト戦略マップ」その1

戦略視点	イノベーション目標	CSFs（重要成功要因）	成功基準（ターゲット）
組織の視点			
人の視点			
プロセスの視点			
テクノロジーの視点			

□イノベーション戦略の「イノベーション・プロジェクト戦略マップ」その2

戦略視点	イノベーション目標	前提条件（Assumptions）	制約条件（Constraints）	要素成果物（Deliverables）
組織の視点				
人の視点				
プロセスの視点				
テクノロジーの視点				

□イノベーション戦略の〔イノベーション・プロジェクト戦略マップ〕その3

戦略視点	イノベーション目標	CSFs（重要成功要因）	成功基準（ターゲット）
SDGs視点①			
SDGs視点②			
SDGs視点③			

□ステークホルダー分析用シート（SAW：Stakeholder Analysis Worksheet）

	ステークホルダー	ステークホルダーの説明	ステークホルダーの コミュニケーションに対する要求事項	優先度	特記事項
1					
2					
3					
4					
5					
6					
7					
8					
9					
10					

□ コミュニケーション戦略マップ（CSM: Communication Strategy Map）】

ステークホ ルダー	コミュニケー ション目 標	CSFs（重要 成功要因）	成功基準 （ターゲッ ト）	前提条件	制約条件	コミュニケ ーション方 法（媒体）	アプローチ のタイミン グ	頻度	情報伝達の 担当者 (R)	情報伝達の 担当者 (A)	予算化

□アサンプション確認シート（AVW：Assumption Validation Worksheet）

No.	前提条件（Assumptions)	エビデンス（出処）	R/A/I	妥当性	影響度	モニタリング要否	モニタリング指標
1							
2							
3							
4							
5							
6							
7							
8							
9							
10							

□イノベーション戦略と「リスクのとらえ方」ワークシート

戦略

展開

影響の
発生確立

影響

影響の
ドライバー

リスク事象の
発生確立

リスク事象

時間

リスク事象の
ドライバー

著者紹介

峯本　展夫（MINEMOTO Nobuo）
株式会社プロジェクトプロ　代表取締役
PMP（米国PMI認定プロジェクトマネジメント・プロフェッショナル）

　大阪府立茨木高校、大阪大学工学部卒。大手信託銀行にて、第3次オンラインシステム・プロジェクトをはじめ、約11年間、情報システムのプロジェクトに参画。商用インターネット開始時期からその可能性に注目し、邦銀初のイントラネットを立ち上げるなど多くのプロジェクトを成功に導く。2000年を機に同社を退職、コンサルティング業界に身を投じる。そのプロジェクト経験から、国内のプロジェクトマネジメントの成熟度に問題意識をもち、プロジェクトマネジメントに特化したコンサルティング、プロジェクトリスク監査、プロジェクト成功のための実践的研修トレーニングを行う株式会社プロジェクトプロを2002年に設立。「論理と知覚」の思考アプローチのバランスや、「プロジェクトの成功」という信念に基づくコンサルティングとトレーニング・メソッドには定評がある。マネジメント教育の普及への情熱から企業研修だけでなく、東京大学や東京工業大学の非常勤講師も歴任。

　現在は日本企業の国際競争力向上に貢献することを目的とし、マネジメントの主要な機能であるイノベーションによる社会価値の創出に取り組むことに重点を置いた事業を展開する。

【連絡先】innovation@projectpro.co.jp

イノベーションマネジメント・プロフェッショナル
イノベーションを成功に導く人材の思考と行動のアプローチ

2020年10月9日　初版 第1刷発行

著　者　峯本展夫
発行者　髙松克弘
発行所　生産性出版
　　　　〒102-8643　東京都千代田区平河町2-13-12
　　　　日本生産性本部
電　話　03(3511)4034(営業・編集)
　　　　https://www.jpc-net.jp/

印刷・製本　サン
カバー＆本文デザイン　サン

ISBN 978-4-8201-2015-3